做个幸福快乐的幼儿教师
——为你的专业成长支招

莫源秋◎著

中国轻工业出版社

图书在版编目（CIP）数据

做个幸福快乐的幼儿教师：为你的专业成长支招／莫源秋著.—北京：中国轻工业出版社，2013.2（2021.2重印）

ISBN 978-7-5019-9111-2

Ⅰ.①做… Ⅱ.①莫… Ⅲ.①幼教人员-师资培养 Ⅳ.①G615

中国版本图书馆CIP数据核字（2012）第309090号

总 策 划：石　铁
策划编辑：吴　红　　　　　　责任终审：杜文勇
责任编辑：吴　红　　　　　　责任监印：刘志颖

出版发行：中国轻工业出版社（北京东长安街6号，邮编：100740）
印　　刷：三河市鑫金马印装有限公司
经　　销：各地新华书店
版　　次：2021年2月第1版第5次印刷
开　　本：710×1000　1/16　印张：14.50
字　　数：131千字
印　　数：13001—15000
书　　号：ISBN 978-7-5019-9111-2　定价：28.00元
读者热线：010-65181109，65262933
发行电话：010-85119832　传真：010-85113293
网　　址：http://www.chlip.com.cn　http://www.wqedu.com
电子信箱：1012305542@qq.com
如发现图书残缺请与我社联系调换
121186Y1X101ZBW

前　言

由于工作原因，我有机会和很多幼儿教师接触，在与他们的交往中，听到他们谈得最多的是工作中的牢骚和苦衷，几乎没有人谈到工作中有幸福感，他们在专业交流中的高频词是：忙、累、疲、苦、怨、悔、想逃、想哭……

当年鲁迅先生的"救救孩子"犹在耳边回响，如今我却想大声疾呼："救救幼儿教师！"

幼儿教师职业幸福状况

在一次培训活动中，本人在参加培训的幼儿教师中进行了调查。

(1) 认为当幼儿教师光荣的请举手。

结果，台下竖起一片手的森林——200多名参与培训的幼儿教师仅有16人没有举手。

(2) 认为当幼儿教师幸福的请举手。

结果，200多人中仅有65人举手。

(3) 认为当幼儿教师快乐的请站起来。

结果，台下一片寂静——200多人中只有77人站起来。

(4) 如果给你第二次选择职业的机会，愿意再次选择做幼儿教师的请举手。

结果，200多人中仅有36人举手。

对于幼儿教育这项工作，许多幼儿教师在"光荣地"做着，但他们既不幸福，也不快乐——处于如此的状态，他们如何能发自内心地给孩子们带来快乐和幸福？

某幼儿园提倡的三种"精神"

不计报酬和个人得失的奉献精神；

园荣我荣、园耻我耻的团队精神；

终身读书、蜡烛不灭的学习精神。

幼儿园的三个"一切"

一切为了孩子；

为了孩子的一切；

为了一切孩子。

从上述幼儿园所提倡的三种"精神"和三个"一切"，我们可以感觉到做幼儿教师确实是光荣的、伟大的，但我总觉得如果幼儿教师心中"只有孩子，唯独没有他们自己"，只能像蜡烛一样燃烧自己照亮别人，只能"奉献"而不能有一丁点儿"享受"的欲望和体验，那么，幼儿教师何来发自内心的快乐和幸福？

记得有一次我在幼儿园做主题为"做个幸福快乐的幼儿教师"的讲座时，有一位老师的发言让我刻骨铭心，她说："每天当我和孩子平安地离开幼儿园大门时，我就有了幸福感；每当听到园长宣布'从明天开始我们幼儿园就放假了，我们不用上班了'——此时我感到最幸福。"幼儿教师们有如此的想法是可以理解的，因为整个幼儿园管理体系严重压抑了教师们的职业幸福的欲望和体验。

恩格斯曾说过："每个人追求幸福是一种无须加以证明的颠扑不破的原则。"卢梭也曾说过："追求幸福是人生最终的唯一目的。"人的一切行动最终都是为了幸福。幸福不是手段，而是目的，并且是终极目的，我们很难想象"幸福还要为了什么"。在此意义上，幸福是无穷追问的终点。

幼儿教师从事幼儿教育工作不是为了献身，而是对幸福的追求和实现。幼儿教师应该有自己的幸福生活，因此我们坚决反对"一切为了孩子"这样的口号。

幼儿教师对职业幸福的追求是职业赋予幼儿教师的神圣使命。幼儿教师体验到职业幸福有双重意义：一是自己幸福，二是用自己的幸福去感染幼儿，让幼儿也感受到幸福——从这个意义上讲，幼儿教师的幸福和快乐，不仅是为他们自己而追求，也是为更多的孩子而追求。只有教师"幸福地教"，才有幼儿"幸福地学"。

有人说，教师脸上的微笑有多少，幼儿心中的阳光就有多少。我同意这一说法。前苏联教育家苏霍姆林斯基曾说过："我们的教育信念应该是培养真正的人！让每一个从自己手中培养出来的人都能幸福地度过自己的一生。"缺乏幸福感受的幼儿教师当然无法培养出幸福的儿童，教育这一应然的追求也只能是空中楼阁。只有当一个幼儿教师能够由衷地感受到生活的美好和职业的幸福快乐，内心蕴积着对生活和工作的热爱与柔情，才可能自然、真诚地带给幼儿细腻的关爱和期待。

因此，幼儿教育改革在关注幼儿幸福生活的同时，也要求广大幼儿教师启动职业幸福的按钮，建构属于自己的幸福。

幼儿教师职业幸福期盼

我曾对城乡不同地域的200名幼儿教师进行"幼儿教师幸福期待"方面的调查——"在何种情况下,你对工作将感到更加幸福?"结果发现,他们期待"工资待遇好一些"、"工作任务少一些"、"园领导对工作多一些理解和支持"、"孩子们听话一些"、"家长对教育工作多配合一些"、"外出参加培训学习的机会多一些"、"同事间多一些相互尊重和谅解",这样他们将更加幸福。

从幼儿教师的"幸福期待"中,我们发现,他们更多地是希望"'别人'能给他们带来幸福"——"别人"多给他们工资、理解、支持,他们就可以幸福了。我觉得,把幸福全部寄托在"别人"的给予或改变上,那是很危险的,也是不合理的。因为幸福心理学研究表明,幸福决定于你的幸福观,而不决定于"别人"。

为了了解幼儿教师在工作中的快乐与不快乐,我对幼儿教师进行了问卷调查,其中包含的问题有:"举例说明小朋友中最让你高兴(不高兴)的事情有哪些";"举例说明同事中最让你高兴(不高兴)的事情有哪些";"举例说明家长中最让你高兴(不高兴)的事情有哪些";"在何种情况下,你对工作感到更加幸福";等等。该调查共发出问卷200份,收回问卷178份。本书以上述调查材料为基础,研究幼儿教师获得职业快乐和幸福的策略与措施。

幼儿教师职业是充满职业魅力的,是能够充分体现和提升从业者生命价值的职业,幼儿教师要理直气壮地追求自己的职业幸福和快乐,要改变自己的不合理观念,要以积极的心态和有效的方法,处理好自身与幼儿、家长、同事、园领导、工作及专业成长之间的关系,方能真实地体验到职业的幸福和快乐。

我们幼儿教师应该有自己的快乐和幸福。我们绝不应是"蜡炬成灰泪始干"式的牺牲者，也不应是烦琐工作的被消耗者，而应是努力追求职业生活意义和生命价值的快乐幸福的幼儿教师。

笔者坚信，快乐幸福与否决定于一个人的观念，决定于一个人的思维方式，而不决定于人自身之外的东西，因此，笔者主张幼儿教师通过树立正确的幸福观，以积极的心态和行动与周围的环境建立一种建设性的和谐关系，让幸福快乐成为幼儿教师工作和生活的出发点与归宿。

笔者由衷地祝愿每位幼儿教师都能够身心健康、快乐幸福！

笔者在写作本书的过程中得到了武汉大学幼儿园、武汉实验幼儿园、广西区直机关第三幼儿园、广西教育厅幼儿园、百色市幼儿园、百色市第二幼儿园、百色市靖西县第二幼儿园、百色市田东县第一幼儿园、百色市德保县第二幼儿园、百色市凌云县第二幼儿园、百色市西林县直机关幼儿园、百色市西林县民族幼儿园、百色市隆林县民族幼儿园、百色市乐业县直机关幼儿园、百色市田阳县幼儿园、百色市隆林县猪场乡中心幼儿园的领导和老师的大力支持与帮助，特别是赵丽娟、王春梅、杨馨、黄玉凤、张艳等幼儿园领导及其所领导的幼儿园团队的职业幸福状态给了我许多写作的灵感和动力，在此对他们表示由衷的感谢！

莫源秋

2012年9月8日

目 录

前言 ··· I

第一章 基于幸福快乐的心灵建构 ·· 1
一、形成积极乐观的心态 ··· 1
二、生活在当下 ·· 6
三、节制欲望，知足常乐 ··· 10
四、接受现实 ·· 13
五、学会调节不良的情绪 ··· 15
六、适当地投身于体育运动 ·· 24
七、学会合理安排工作与休闲，避免心理上的超负荷 ················ 25
八、学会选择与放弃 ··· 32
九、抛弃九种不合理的信念 ·· 34
十、确立正确的幸福观 ··· 40
十一、每天记录五件令你快乐的事情 ··· 45
十二、每天"十问"，问出好心情 ··· 46
本章参考文献 ·· 57

第二章 基于幸福快乐的幼儿教育工作 ·· 59
一、热爱自己的工作 ··· 59

二、发现和培育幼儿教育工作的魅力 ……………………………… 60
三、做个高效率的幼儿教师 ……………………………………… 66
四、形成快乐工作的意识和能力 …………………………………… 80
本章参考文献 …………………………………………………… 83

第三章 基于快乐的师幼互动关系的建构 …………………………… 85
一、师幼互动中的快乐与不快乐 …………………………………… 85
二、基于快乐的师幼互动策略与措施 ……………………………… 94

第四章 基于快乐的同事互动关系的建构 …………………………… 115
一、同事间的快乐与不快乐 ………………………………………… 115
二、同事互动中的快乐策略与措施 ………………………………… 127
本章参考文献 …………………………………………………… 148

第五章 基于快乐的教师与园领导互动关系的建构 ………………… 149
一、与园领导互动中的快乐与不快乐 ……………………………… 149
二、教师和园领导之间建立快乐互动关系的策略与措施 ………… 153
三、园领导与教师建立快乐互动关系的策略与措施 ……………… 158
本章参考文献 …………………………………………………… 166

第六章 基于快乐的家园互动关系的建构 …………………………… 167
一、家园互动中的快乐与不快乐 …………………………………… 167
二、家园互动中的快乐策略与措施 ………………………………… 179
本章参考文献 …………………………………………………… 194

第七章 基于幸福快乐的专业成长 …………………………………… 195
一、正确理解幼儿教师专业成长的含义 …………………………… 195
二、基于幸福快乐的幼儿教师专业成长的策略 …………………… 202
本章参考文献 …………………………………………………… 221

第一章 基于幸福快乐的心灵建构

幸福快乐是一种内心体验,个人的心态及理念对其能否体验到幸福快乐起着决定性的作用,因此,要想成为一个幸福快乐的幼儿教师,就必须建立合理的积极心态及理念,必须抛弃那些消极的心态及理念。

一、形成积极乐观的心态

心态就是决定我们心理活动和左右我们思维的一种心理状态。如果你的心态是积极的,那么,你的生活环境也会是积极的。要形成积极乐观的心态,幼儿教师可以通过行为和观念的改变来达到目的。

(一)积极心态行动训练要点

幼儿教师要形成积极的心态,在行动训练中要注意以下十六个要点:

(1)昂首走路。当你情绪低落时,不妨稍微加快走路的步伐,抬头挺胸走快点,你会感觉愉快的情绪在滋长。

(2)参加会议要努力坐在最前排。

(3)在会议自由发言的时间里,努力争取大声地第一个发言。

(4) 比别人早到幼儿园 10 分钟。

(5) 该认真时就全身心投入，该快乐时就开怀大笑。

(6) 积极主动地承担起自己的责任，会说："这是我的错！"

(7) 记住常说"我们"而不是"他们"！

(8) 经常说知心姐姐卢勤的"快乐人生三句话"。

　　① "太好了！"——乐观积极的心态。

　　② "我能行！"——面对一切充满自信。

　　③ "你有困难吗？我来帮助你。"——助人助己。

(9) 每天至少大声笑三次。

(10) 不管你有什么委屈，永远用笑脸面对同事、孩子和你的亲朋好友。

(11) 不管工作多忙，每天至少总结出自己的一点进步或者收获。

(12) 每月向你的朋友报一次喜讯，每天回家报一次喜讯。

(13) 每天花上 5 分钟想想你已拥有的，让自己欣慰和快乐。

(14) 每天下班后，至少有两个小时不想、不谈工作。

(15) 采取积极思维应对种种"不顺心"，请看以下典型案例。

★面对园领导挑剔

【×】因为园领导挑剔，所以我工作不开心。

【√】虽然园领导对我挑剔，但我仍然开心，因为我知道了自己工作上的不足／因为我努力工作会使她改变对我的态度／因为这会使我有更优秀的表现。

★幼儿不听话

【×】因为幼儿不听话，所以我不高兴。

【√】幼儿不听话，我仍然高兴，因为这让我知道了不同的幼儿的需求是不一样的／因为这有助于进一步完善我设计和组织的教育活动／因为这为我的专业发展提供了动力。

第一章　基于幸福快乐的心灵建构

★和老公吵架

【×】因为和老公吵架，所以我不高兴。

【√】和老公吵架，我仍然高兴，因为吵架也是一种沟通的方式／因为吵架让我进一步了解了我的老公／因为吵架说明我们俩还很在乎对方。

★老公常出差

【×】我活得很不快乐，因为老公常出差不在家。

【√】老公常出差不在家，我仍然高兴，因为一个人在家时我可以做自己喜欢做的事情而没人打扰／因为适度的分离有利于创造"小别胜新婚"的婚姻佳境。

以积极的句式"……，我仍然高兴，因为……"努力挖掘各种"不顺心"所蕴含着的积极因素，引导自己的心情向积极的方向发展。

(16) 面对烦心事要学说三句话。人生在世不可能事事尽如人意，遇到困难和烦心的事就要自己化解，时刻拥有乐观的心态和快乐的心境。在生命中碰到烦恼事，不妨学说三句话，对自己的身心健康都大有好处。

第一句话是："算了吧"。生活中有许多事，可能你经过再多的努力都无法做到，因为一个人的能力是有限的，要受各种条件的限制，只要自己努力过、争取过，其实结果已经不重要了。

第二句话是："不要紧"。不管发生什么事，都要对自己说"不要紧"。因为积极乐观的态度是解决和战胜任何困难的第一步。上天对每个人都是公平的，它在关上一扇门的同时，必定会打开一扇窗。

第三句话是："会过去的"。不管雨下得多大、连续下几天，总有晴天的时候。所以无论遇到什么困难，都要以积极的心态去面对，坚信总有雨过天晴的时候。

面对各种烦扰，经常对自己说上述三句话，相信春天就在眼前。

【案例】真的一切都"会过去的"

有一个心理学家做了一个关于烦恼的实验。一群实验者按照他的要求把接下来7天将会出现的烦恼写下来,然后投入一个大"烦恼箱"。7天后,实验者从箱子里拿出自己的"烦恼条"逐一核对。他们发现自己90%的担心根本就没有发生。

剩下的10%的烦恼又怎么样了呢?一个星期后,实验者们开箱后,再用现实来对照那10%的烦恼,他们发现有些问题自己已经解决了,还有的问题自己则有信心和能力对付。

可见,烦恼是自己找来的。据统计,一般人的忧虑有40%属于过去,有50%属于未来,只有10%属于现在,而92%的忧虑从未发生过,剩下的8%则是能够轻易应付的。

烦恼有些像疾病,大多数都可以不治而愈,因为它们大多数在第二天就会减轻或者消失。这样想来,养成超然的心态就能克服许多忧虑。

(二)形成积极的心态

心理学研究表明,幸福是一种个体的内心体验,是需要得到满足,潜能得到发挥,理想得到实现后的一种持续的心情舒畅的情绪体验。直接影响个人幸福体验的是个人的幸福观,而非自己拥有名利的多少。一些人经常能体验到幸福,是因为他们具有与其现实生存状况相适应的幸福观。相反,一些人很少有幸福的体验,是因为他们的幸福观与其现实生存状况不相符合。因此,一个人改正其错误的观念,就可以改变其对生活的体验,进而获得与之相应的不同程度的幸福体验。

【案例】 王阿婆的故事

自从王阿婆的两个女儿都各自成家后，王阿婆很少快乐过，因为大女儿靠卖遮阳伞和布鞋为生，小女儿靠卖水鞋和雨衣为生。天晴出太阳时，她为小女儿的生计担心——这样猛烈的太阳，有谁去买水鞋和雨衣？水鞋和雨衣卖不出去，小女儿的日子怎么过？当天下雨时，她又为大女儿的生计犯愁——这样绵绵不断的细雨，有谁去买遮阳伞和布鞋？遮阳伞和布鞋卖不出去，大女儿的日子怎么过？因此，不管有雨无雨，王阿婆都快乐不起来。

如果王阿婆换一种思维方式，那么她一定会过得很快乐、很幸福——当烈日当空时，她就想：今天大女儿的生意一定很好！当细雨绵绵时，她又想：今天小女儿的生意一定很好！

其实，幸福与否不在于你拥有什么，而在于你的思维方式是否正确。有时候你之所以没有幸福的感觉，是因为你的思维方式不正确！这时如果你能改变一下思维方式，对任何事物都往积极的地方想，那么你就一定能过上充满幸福感的生活！

幸福就是这么简单，虽然幸福并不是永恒不变的，但只要你拥有乐观平和的心态，拥有积极的态度，你就会发现生活是那么美好，幸福就会永远属于你。

我 感 恩

有每夜与我抢被子的伴侣，因为那表示他（她）不是和别人在一起；

有只会看电视而不洗碗的孩子，因为那表示他（她）乖乖在家而不是游荡在外；

我缴税，因为那表示我有工作；

衣服越来越紧，那表示我们吃得很好；

有阴影陪我劳动，那表示我在明亮的阳光下；

有待修理的草地、待修理的窗户和待修理的排水沟，那表示我有个家；

能找到最远的那个停车位，那表示我还能走路，且有幸还能有辆车；

在教堂做礼拜时我身后有五音不全的女士，那表示我还听得到；

有一堆衣服要洗熨，那表示我有衣服穿；

一天结束时感到疲劳和肌肉酸痛，那表示我有拼命工作的能力；

一大早被闹钟吵醒，那表示我还活着；

最后，感恩过量的电子邮件，因为那表示有很多朋友在惦记着我。

【摘自：肖川.教师的幸福人生与专业成长[M].北京：新华出版社，2008：9.】

读了《我感恩》这篇小文，你会发现，生活中一切所谓的不如意，其实都有其积极的一面，当你觉得你的人生很糟糕时，那就反复地多看几遍吧！它会告诉你怎样用积极的心态来看待世界。

二、生活在当下

智者常劝世人要"生活在当下"。到底什么叫作"当下"？简单地说，"当下"指的就是：你现在所拥有的、你现在正在做的事、你现在待的地方、现在与你一起工作和生活的人；"活在当下"就是要你把关注的焦点集中在这些人、事、物上面，全心全意地去接纳、品味、投入和享受这一切。"活在当下"是一种全身心地投入人生的生活方式。

（一）生活在现在

【案例】 永远体验不到幸福的王老师

某中学退休的王老师是我的一位十分要好的朋友，年近七旬。有一天在聊天中，他向我诉苦道："我上小学的时候，想上中学，认为能够考上中学就是最大的幸福。谁知考上中学后，又为考上大学犯愁，为考上大学勤奋苦读。原以为考上大学就没有烦恼了，可上了大学后，又想到毕业后就业，整天为找不到理想的工作而苦恼、发愁。找到工作后，又为找对象结婚奔波，憧憬着幸福美满的小家庭。有了小家庭，又想有孩子；有了孩子，麻烦事就更多了，吃喝拉撒睡、柴米油盐醋，整天不得安宁。孩子们小的时候，盼望着他们长大；随着孩子们逐渐长大，又为他们上幼儿园、上小学、上中学、上大学费尽千辛万苦。孩子们大学毕业后，又为他们的婚事操心。老大结了婚，接着又是老二；老二结了婚，又开始为老三的婚事发愁。我和老伴都是老师，家庭经济条件不好，每个孩子结婚，等于剥我们老两口一层皮。好不容易老三结了婚，原来想，这下子总可以好好享享清福了，可是老大又有了孩子……唉！这样的日子何时才能有个尽头啊？！我真不知道何时才能够享受到人生的幸福？！"

估计按照王老师的生活逻辑，这辈子他是没有办法享受生活的幸福了，其根本原因在于他现在的生活常常被未来的"麻烦"所困扰。王老师属于典型的预期性性格的人，他总是惦念着明天的事，为明天所扰，甚至还为明天的明天所扰，从而失去了对此时此刻所发生的一切事物的深刻感受。

另外，生活中还有一种叫作追溯性性格的人，他们往往生活在过去，他们总是对过去生活中的某件不如意的事耿耿于怀，如，对自己或者某人以往的某一伤害或某一过失一直悔恨或者记恨在心，这种人也是永远体会不到当下的幸福快乐,因为他们被"过去"所折磨。

我有一个学生时常跟我诉说她的公公婆婆处事不公平。特别是有一件事让她刻骨铭心:那是21年前与丈夫结婚时,公公婆婆没有按当地的传统习俗给他们买床,却给丈夫的哥嫂们买了。她为此而恨了公公婆婆21年,每谈到此事,她都表现出异常的激动,甚至愤愤不平。她属于典型的追溯性性格的人。我反复地告诉她,只有忘记"过去",才能享受现在。

在许多人心里,"现在"永远也不是他们的目的,"过去"和"现在"都是他们的手段,唯有"未来"才是他们的目的。他们从没有生活在当下,他们只是在希望中生活他们并且永远都在准备着能够幸福,所以他们永远都无法过上一天幸福的生活。

(二)生活在这里

平时,有许多幼儿教师这样幻想:要找一个安静的地方,才能安心学习;要去沙滩,才能体会浪漫气氛;要去森林草原,才能感觉心旷神怡;要去公园,才能感受轻松愉悦;要在哪里工作,我才能……此时,我总是告诉他们,你们要转变观念,如果观念正确了,那么生活在"此地"也可以体会浪漫,也可以感觉心旷神怡,也可以感受轻松愉悦,也可以……关键不在"此地"或"彼地",而在于你的观念。

真正幸福快乐的人,就是生活在此时此地,而不是向往生活在那遥远的其他地方的人。

(三)我就是我——悦纳当下的自我

心平气和地、完整地接受当下的自我,包括自己的优点和缺点。不要幻想:"我若是某某人,我就一定会……""如果我不……,我将……"应该从自己的起点做起,充分发挥自己的潜能,做自己能做的,做自己该做的;从我做起,从现在做起,竭尽全力发挥自己的才能,做好自己能够做的事情。每个人都是独一无二的。

1. 停止与自己对立

"停止与自己对立"是指停止对自己的不满和批判。不论自认为做了多少不合适的事,有多少不足,从现在起,都停止对自己的挑剔和责备,要学习站在自己这一边,维护自己生命的尊严和价值。

参考句式:"不论我的现状如何,我都选择尊重自己的生命的独特性。"

2. 停止苛求自己

允许自己犯错误,但在犯错后要做到:①做出补偿,以弥补自己的错误造成的损失;②不"二过",即一个错误不犯两遍。

参考句式:"不论做错了什么,我都选择从中吸取教训";"我选择不'二过',而不是不断地责备自己。"

3. 停止否认或逃避自己的负性情绪

如果产生了负性情绪,不要去抑制、否认或掩饰它,更不要责备自己和生自己的气。要先坦然地承认并且接纳自己的负性情绪,不论它是沮丧、愤怒、焦虑还是敌意。

人产生负性情绪是很正常的,它提醒你对现状要有所警觉,是改变现状的先决条件。如果一个人不为自己的工作业绩差而沮丧,他就不会想努力工作、努力进步;如果一个人不为自己和别人的矛盾而苦恼,他就不知道自己的人际交往方式需要调节。

所以,不要怕产生负性情绪,也不要否认或逃避。首先要接纳它,然后再想办法解决引起负性情绪的问题。

参考句式:"不论我产生什么样的负性情绪,我都选择积极地正视、关注和体验它,我将从中了解自己的思想和问题,并给以建设性的解决。"

4. 无条件地接纳自己

绝大多数人从小就受到种种有条件的关注，或者严格的管束，致使很多人以为只有具备某种条件，如漂亮的外表、优秀的学习成绩、过人的专长、出色的业绩等，才能获得被自己和他人接纳的资格。于是，很多人因此背上了自卑的包袱。有些幼儿教师曾经被挑剔，也就逐渐习惯于用挑剔的目光看待自己，越看越觉得无法接受自己，他们对自己总有一种强烈的不满情绪，他们常怨自己的鼻子不够高、眼睛不够大、腿过粗过短……总是把自己看得一无是处；还有的幼儿教师由于觉得自己是只"丑小鸭"而不敢照镜子，或者一照镜子就为自己那不堪入目的"风景"生一次气，有的甚至为此而离群索居。不善于接受自己，会让自己的日子过得很不快乐，因此，我们要学习做自己的朋友，站在自己这一边，接受并且关心自己的身体和心理状况，不附加任何条件地接纳自己的一切。

参考句式："不论我有什么优点和缺点，我都首先选择无条件地接纳自己。"

5. 以建设性的态度和方法对待自己的弱点和错误

如果一个人能够正视并且接纳自己的弱点，那么，弱点也是有积极意义的。首先，它让我们懂得自己的局限性，使我们不至于狂妄自大，并且使我们懂得尊重有相应长处的人；其次，它能让我们正视自己的弱点，不把时间花在自责和沮丧上，集中精力去挖掘自己的优势，这样就可以少走弯路。

三、节制欲望，知足常乐

心理学研究表明，人的幸福指数与其欲望成反比，即在同等生活条件下，欲望越少的人，其幸福指数越高。

第一章 基于幸福快乐的心灵建构

5岁时,你会为得到一颗糖而快乐;15岁时,你会为某次考试得了全班第一名而兴奋;25岁时,你会为得到某位女孩的芳心而狂喜;35岁时,你会为拥有一辆越野车而得意……而在此后,一个人生命的分水岭已开始隐隐呈现,要体验到幸福感可能会变得越来越艰难。

确实是这样,随着社会的发展和我们年龄的增长,我们内心深处的"获得或占有"的"毒瘾"越来越大,我们不再是轻易就会获得满足的孩子,幸福感也像我们的头发一样日渐稀少,所以就出现了"我们的财富在增加,我们的房子越来越大,我们的收入越来越多,我们能享受的娱乐方式越来越多,但我们并没有因此而变得越来越幸福,甚至是幸福快乐离我们越来越远"的怪现象。其根本原因就是我们的欲望在不断地膨胀。有位哲人说过:"人因欲望过多而无幸福可言。"我觉得此话很有道理。

不知足歌

终日奔忙只为饥,才得温饱又思衣;
衣食两般皆足够,房中缺少美娇妻;
娶了娇妻并美妾,又无田产作根基;
置下良田千万顷,因无官职怕人欺;
三品四品还嫌小,一品二品仍觉低;
一日当朝为宰相,又想帝王做一回;
做得君王犹不足,还把长生不老期;
欲壑未满梦未醒,一棺长盖抱憾归!

因此,我们应该学会节制自己的欲望,学会知足,然后才能常乐。有位朋友说,他有个姑婆,一生从来没有穿过合脚的鞋子,常穿着宽大的鞋子走来走去。晚辈如果问她，她总是说："大鞋小鞋都是一样的价钱，为什么不买大的呢？"我们许多人也是这样，不断地追求"巨大"，却忘却了自己的真实需要，比如，许多时候，人们消费仅仅是为了支配商品，而不是为了真正改善自己的生活而消费。例如，某幼儿教师工作和生活都不需要汽车，可是看到许多同事有汽车后，她决定自己也要去买一部汽车；再如，某牌子的衣服穿起来并不怎么舒适，但由于追求品牌的心理作怪，她宁愿忍受品牌衣服带来的不适，也不愿意放弃穿品牌衣服。这正是我们许多人的悲哀！

有一个人在河边钓鱼，他钓了非常多的鱼，但每钓上一条鱼就拿尺量一量。只要比尺长的鱼，他都丢回河里。旁观人见了不解地问："别人都希望钓到大鱼，你为什么将大鱼都丢回河里呢？"这人不慌不忙地说："因为我家的锅只有尺这么宽，太大的鱼装不下。"

取自己够用的，不必过分贪求，这是一种不错的心态。著名社会活动家、中国佛教协会会长赵朴初在92岁时所作的《宽心谣》，我想对培养我们的良好心态会很有帮助，在这里与大家共享。

宽 心 谣

日出东海落西山，愁也一天，喜也一天；

遇事不钻牛角尖，人也舒坦，心也舒坦；

每月领取养老钱，多也喜欢，少也喜欢；

小荤多素日三餐，粗也香甜，细也香甜；

新旧衣服不挑拣，好也御寒，赖也御寒；

常与知己聊聊天，古也谈谈，今也谈谈；

内孙外孙同样看，儿也喜欢，女也喜欢；

全家老少互慰勉，贫也相安，富也相安；

早晚操劳勤锻炼,忙也乐观,闲也乐观;

心宽体健养天年,不是神仙,胜似神仙。

在欲望面前,我们要向小动物们学习,保持知足常乐之心。

向小动物们学习:知足

小鸟不会试图比邻居多筑几个巢,狐狸不会因为自己只有一个洞可以栖身而烦恼,松鼠不会因为担心储藏的硬果只够吃一个冬天,而不是两个冬天焦虑而死,狗也不会因为没储藏足够的骨头养老而彻夜失眠。

动物比我们人类生活得舒心,它们只要满足了生理需要,就能"生活"得很好,人与动物相比有太多的"毛病":不仅要满足生存需要,还要满足精神或意义需要;不仅为今天而忧虑,还要为明天而忧虑;不仅要适应环境和自身的现实,还要超越环境和自身的现实。我们经常用"猪"、"驴"来辱骂别人,但我总觉得在如何快乐地生活方面,动物有许多智慧值得我们人类学习。

四、接受现实

《古兰经》里有一个经典故事,有一位大师,几十年来练就一身"移山大法",然而故事的结局足可让你我回味:"世上本无什么移山之术,唯一能移动山的方法就是:山不过来,我就过去。"

现实世界中有太多的事情就像"大山"一样,是我们无法改变的,或至少是暂时无法改变的。"移山大法"启示我们:如果事情无法改变,我们就改变自己。

有位毕业多年的学生，有一天回校和我聊天，说她的丈夫令她感到很郁闷。

她要求他丈夫：挤牙膏的时候，必须从下面往上面挤。他丈夫挤牙膏时总是习惯捏住中间，牙膏往两头跑，她就不干，她说："要从下面往上面挤牙膏，那样，牙膏才可以保持一个很好的体型。"

这位学生每次出差回家之后，做的第一件事情就是重新把牙膏捏还原，总觉得那样会看起来更顺眼一点。

她反复和她老公交流过这一问题，可是不知何故，她老公就是改不掉这一"坏习惯"。后来发展到他们经常为此事大吵特吵。

诉说的过程中，我的学生还愤愤于心，说她老公没有以前那么爱她了。

我告诉她"山不过来，我就过去"的道理，她接受了我的建议，悦纳了她老公的"坏习惯"，她不再郁闷，她和老公的关系和谐得如同初恋的状态。

与人相处，与单位相处，与整个世界相处，"山不过来，我就过去"都是普遍适用的一个原则——你不能改变他人，你不能改变你的处境，那么，最好的相处办法就是改变你自己，悦纳你所不能改变的一切，这样，你才能与别人和谐相处，与环境和谐相处，你的内心才能平静，你的日子才会快乐。

生活宣言

你不能决定生命的长短，但是你可以控制它的宽度。

你不能改变环境，但是你可以改变自己。

你不能左右天气，但是你可以改变心情。

你不能控制别人，但是你可以掌握自己。

你不能改变容貌，但是你可以展现笑容。

你不能改变过去，但是你可以改变现在。

你不能预知明天,但是你可以把握今天。

你不能改变事实,但是你可以改变态度。

你不能事事成功,但是你可以事事尽力。

确实是这样,我们不能改变世界,但我们可以改变自己以适应世界!

你是哪种类型的人

周末遇到一件事:早上大家正在熟睡时,一个不会为周围人考虑的人为做家具锯木头,噪声非常大。

A 型人:会火冒三丈,冲出去"主持公道",大喊大叫,与人争吵,但无济于事。

B 型人:在家里嘟嘟囔囔,心怀不满,很焦虑,但是不敢说或不愿意说,比较压抑。

C 型人:这时候也会不高兴,也会下去与锯木头的人理论,但当与锯木头的人沟通无效时,他会穿起球鞋跑步去,或拎起菜兜子买菜去。

你是 A、B、C 中的哪一种类型?

我由衷地希望大家都做 C 型人,面对"不满"积极沟通,积极解决,解决不了就主动改变自己,这样,我们可以减少许多 A 型人的"生气"、"愤怒",还可以避免 B 型人的压抑及过度压抑可能导致的癌症、抑郁症。

五、学会调节不良的情绪

现代社会节奏加快,竞争和挑战日趋激烈,幼儿教师在生活、工作和学习等方面面临着沉重压力，这往往使得他们容易出现情绪低落、郁闷、忧虑、紧张、空虚、愤怒、孤独、失望、悲伤、委屈、自卑等不良情绪，这些不良情绪不仅影响到幼儿教师自身的身心健康，还会影响到幼儿教师对待幼儿的态度和行为，进而影响幼儿的身心健康，因此，幼儿教师要学会调节自身出现的不良情绪。

（一）低落、郁闷情绪的调节

情绪低落、郁闷是幼儿教师最常见的一种消极情绪，大多源于工作、学习压力或生活中遭遇了挫折。幼儿教师在情绪低落时，常常会感到没精打采、压抑苦闷等，对周围人、事的兴趣减少，工作、学习效率明显下降，严重者还会影响日常的生活和人际关系。

当我们情绪低落、郁闷时，可采取如下五种方法调节：

1. 接受现实

工作、生活中没有人能够事事如意，对于某些不能改变的人和事，试着慢慢地去接受它，改变一下自己看待问题的角度和心态，心情就会好一些。

2. 做一点运动

参加一些体育运动，慢跑、散步、游泳等运动有益于增加血液循环、调节心率、提高机体含氧量，对改善情绪状况有良好的作用。

3. 回忆快乐的事

适时地肯定自己，想想自己曾经取得的成绩和克服的困难，找找自己的优点和长处，回忆那些使自己感到快乐的事情，并且把它们写在纸上，时常默念，会让自己变得快乐。

4. 多接触乐观向上的人和事

尝试和乐观积极的人交往，学习他们看待事物的态度和方式；看几本内容乐观积极的书或者看几部喜剧片，感受一下快乐的气氛；唱些积极向上的歌曲，会让自己逐渐发现周围到处都是阳光。

5. 释放压抑的情绪

情绪压抑时要及时适度地宣泄，这样会使我们的日子变得轻松些。宣泄的方式主要有：和亲友谈心；找个挚友倾诉；上网与Q友沟通；写信给远方的朋友；写日记；到卡拉OK厅去找适合自己心情的歌曲大声吼唱；极度悲伤时，不妨大哭一场；条件许可的话，还可以出去旅游一段时间，放松一下，让自己的心灵得到休息。

（二）忧虑、紧张情绪的调节

忧虑、紧张都是对即将发生的事件感到焦虑、害怕会有不好的结果出现的心理状态。经常感到忧虑、紧张的幼儿教师，大多比较追求完美，不能忍受失败以及未来不确定的事件。

当你忧虑、紧张时，不妨采取以下两种措施进行调节：

1. 弄清忧虑对象，然后积极应对

首先要知道你忧虑的是什么，你的担心是否可以使结果有所不同——事实上忧虑是不能改变结果的。面对所忧虑的人和事，如果能改变的就采取积极行动，不能改变的就心平气和地接受它——每天用10分钟时间，写下你所担心的事由，一项一项地写下来，然后放在一边，去做其他的事情。

2. 放慢工作、生活节奏

不要总是与时间赛跑，让自己的身心有个喘息的机会，只想今天的事情，只做今天该做的事情，不要把明天的事情弄到今天来完成。总是与时间赛跑，总是将明天甚至是明天的明天的事情弄到今天来完成，你将会被"明天"弄得身心憔悴，甚至还会让你忘却了今天的意义。

（三）空虚、无聊情绪的调节

空虚是指百无聊赖、闲散寂寞的消极心态，是不思进取、无所事事造成的。幼儿教师心灵空虚通常发生在这样两种情形之下：一是物质条件优越，无须为生活烦恼和忙碌，习惯并满足于享受，看不到也不愿看到人生的真实意义，没有也不想有积极的生活目的；二是心比天高，具有如此心态的幼儿教师往往对人们通常向往的目标不屑追求，而自己向往的目标又无法达到，结果是无所追求，心灵无所依靠。

当你感到空虚、无聊时，可以采取如下三种措施进行调节：

1. 设定可以达到的目标

停止幻想，把目标定在自己力所能及和现实需要的范围内，做自己所该做、能做的事——这些目标让自己每天都有所期盼，并且相对较为容易实现，因此，它们会让你感到日子过得十分充实。

2. 每天做点实事

每天晚上想一想：明天自己能切实做点什么事情？比如，可做一些简单的家务，阅读一些有益的图书，外出散散步，做些户外的体育运动，还可到郊外走走，或是去闹市逛逛，这些"小事"可以让自己的生活充实起来。

3. 做些让周围的人感动的事

试着用心去关怀自己的亲人、朋友、同事，力所能及地帮他们做一些事，在体会助人的快乐以及自我价值感的同时，空虚、无聊的感觉也会慢慢远离你。

【案例】 感动行动周行动计划

有一位幼儿教师在听了我的《幼儿教师心理调适》讲座后，她给自己制订了一个"感动行动周行动计划"——每周做一件令周围的人感动的事：

第一周，买一台液晶电视帮老爸更换那台用了十几年的电视；

第二周，买些礼物和孩子一起去社会福利院看那里的孩子；

第三周，买一箱清凉饮料送给炎炎烈日下值班的小区门卫；

第四周，给5位十多年没有联系过的老同学打电话问候一下；

第五周，给过生日的同事打个电话，祝她生日快乐；

……

结果，她每天都在为本周的感动行动思考着、行动着，她的日子很快从空虚、无聊的状态中走出，精神面貌也发生了根本性的变化。

（四）愤怒情绪的调节

发怒人人都会碰到。经常压抑、控制怒气，会对身心健康不利；但是让怒气自由宣泄则会影响人际关系，影响别人对自己的看法，也可能会伤害身边的人。比如，在家发脾气，有时可能会伤害到家人，引起家庭矛盾；在同事面前大发脾气，则会伤害同事间的感情；在班里对幼儿大发脾气，则会让他们觉得老师可怕甚至充满恐惧，这样对其身心健康不利。因此，幼儿教师要学会调节自己的愤怒情绪。

当你愤怒时，可以采取如下六种方法进行调节：

1. 停止讲话

发怒的时候说话，你会发现对方也会用同样愤怒的语气回应你，形成恶性循环。如果在外表上能保持平静，会留给我们时间让怒气消退一些。有人建议："当发怒的时候，数到10再说话；如果是大怒，要数到100。"我们不妨试一试。

2. 语言暗示

在怒气将要暴发时，不妨想想一句话："这样发火对我来说不会在任何方面有所帮助，只能让整个问题变得更复杂。"即使我们内心还存在怒气，但这样的思考可帮助我们控制一下愤怒的情绪。

3. 离开引你发怒的情境

俗话说,"眼不见,心不烦",这是有道理的。离开让你发怒的环境和人,或者独处,或者去做另外一件不相干的事——可以去喝杯咖啡或听听音乐,这样,对消气有好处。

4. 给怒气找个好出处

心中有怒气,可以向亲朋好友倾诉,求得对方的支持和安慰;或者和朋友一起唱唱歌,乐一乐;或者到心理咨询机构中的宣泄室去发泄你内心的愤怒……

"气"发出来,你的内心就会趋于平静。

5. 用疲劳法宣泄怒气

把自己愤怒的情绪宣泄到需要耗费体力的事情上,如,游泳,拼命地游上几个来回;又如,跑步,一口气快速地跑上十几圈——当你累得满头大汗、气喘吁吁时,你的心情会渐渐平静,郁积的怒气也会消失一大半。

这种宣泄方法,既不至于使怒火郁积而危害身心,也不至于因怒气爆发而干出无法挽回的蠢事。

6. 学会有效地表达自己

从某种角度讲,发怒是因为我们不知道怎样表达自己的意见和想法,因此,我们要学会表达自己。

(五)悲伤情绪的调节

悲伤是由于遭受到不如意或不幸的事而使内心感觉痛苦的消极情绪。如与亲友离别,或自己在生活、工作中遭遇挫折和变故等,均可导致这一负面情绪。

当你感到悲伤时,可以采取六种方式调节:

1. 与亲友谈谈感受

找一位信得过的亲友,尤其是能够倾听你说话,但又不会伤害或干涉你的人,然后告诉他你自己的感受。有人陪伴这样一个简单的事实,会让你感觉好得多。

2. 自我诉说

如果找不到合适的人倾诉,也可以将自己的感受写在日记、博客、微博里。

3. 主动做点有意义的事情

主动做一些工作或其他有意义的事情,会让我们变得更加积极,同时,随着时间的推移我们会在积极的行动中忘却悲伤。

4. 不要封闭自己

在悲伤的时候,不要怨天尤人,也不要封闭自己。当手机的铃声响起时,你知道有人在关心你;当有人对你微笑的时候,你知道自己是被人接纳和欣赏的……当你感觉到这些的时候,你的痛苦和悲伤也会减轻很多。

5. 做些让自己开心的事情

比如,买件自己喜欢的新衣服;找时间去旅游;去吃些平时不舍得吃的东西;改变一下自己的发型,让自己焕然一新;等等。

6. 正常、有规律地生活

不要因为悲伤而打乱自己的正常生活,要合理地安排自己的锻炼、饮食和休息,一样都不能少。正常的、有规律的生活有利于心情恢复平静。

(六)懊悔、自责情绪的调节

懊悔、自责就是指事情过后遗憾自己做错了事或说错了话,内心自悔不已的一种消极情绪。经常懊悔、自责的人是相当痛苦的,它意味着时常要和自己做斗争,不断地自我批驳。当他处于这种内心冲突中时,除了要耗费很多精力去想,更会因为害怕再犯错而缩手缩脚,不敢去行动,严重的还会引起自卑、自贬的情绪。

幼儿教师处于懊悔、自责情绪中时，可以采取如下三种方式调节：

1. 要认识到懊悔不能解决问题

要知道一味地懊悔、自责根本解决不了什么实质问题，只会加重自己的心理负担，与其这样，不如把时间和精力放在如何补救上，尽量将可能的消极影响减至最小。

2. 停止懊悔、自责，积极行动

拿出一张纸，分别写出此"事故"最坏的影响和最有效的应对措施。

（1）坏影响："＿＿＿＿＿＿"→措施："＿＿＿＿＿＿"

（2）坏影响："＿＿＿＿＿＿"→措施："＿＿＿＿＿＿"

（3）坏影响："＿＿＿＿＿＿"→措施："＿＿＿＿＿＿"

积极行动，问心无愧，内心就会处于宁静状态。

3. 适当总结

为了避免"二过"，要认真对"事故"做出总结，看看可以从中吸取哪些经验教训，然后让自己在此"事故"中获得成长。

（七）委屈情绪的调节

委屈是指受到自己认为不应该有的或者不公正的指责和待遇，感到自尊心受到了伤害，不被人理解，并为此心里难过、不舒畅。园领导叫我们做自己不喜欢做的事情，但是必须去做时，我们会感到委屈；自认为自己今年工作做得很辛苦，并且业绩不错，可是在年终评选"先进"时，同事们却没有将自己评为"先进"，我们也会感到委屈。

当我们感到委屈时，可以采取如下三种措施进行调节：

1. 表达自己的委屈

向自己可以信赖的亲朋好友表述这种不愉快的情绪，寻求支持和安慰。如果实在是觉得不便诉说的，可以通过其他方式去表达，比如，找个安静的地方，大哭一场；去KTV，大声吼出自己内心的郁闷；到一个空旷的地方，大声喊几声；做自己喜欢的运动，出一身汗等。

2. 追求内心的平静

要意识到：并不是所有的付出都能得到相应的回报；我们做事更多的是为了内心的宁静，而不是为了所谓的回报；生命中有很多事，我们无力改变，只要问心无愧，只要真诚付出，我们就可以心安理得。

3. 不要非理性地"闹"

受了委屈，遇到不公，你可以选择在合适的时间和场合去表达自己。但并非见人就诉苦，不分场合地去和领导、同事争执，甚至还要"上访"；我们要认真思考这样"闹"会得到什么、失去什么，而我们真正追求的又是什么——我们追求的是快乐，还是那些所谓的荣誉和地位？如果是前者，那么，我们确实需要认真思考：为了获得所谓的荣誉和地位而"闹"，其过程快乐吗？通过"闹"而得到所谓的荣誉和地位后，我们真的会快乐倍增吗？如果"闹"与快乐相悖，那么，我们就应该放弃它。

（八）自卑情绪的调节

自卑是指自我评价偏低，自惭形秽，缺乏应有的自信，并伴有自怨自艾、悲观失望等情绪体验。长期被自卑情绪笼罩的教师，一方面感到自己处处不如人；另一方面，又害怕别人瞧不起自己。

当我们感觉自己有自卑情绪时，可以采取如下三种措施进行调节：

1. 列出自己的优点

多想想自己的长处和优点，然后拿出一张纸、一支笔，把它们一项一项地记下来，并且时常默念于心，你就慢慢地学会了接纳自己、欣赏自己。

2. 不要拿自己的短处与别人的长处比

任何人都有自己的长处和短处，不要总拿自己的短处与别人的长处去比较，看到别人某项长处的同时，也要看到自己其他方面的长处。

3. 努力形成自己的强项

了解自己生活、工作中的强项，并且持之以恒地、努力地把它们发扬光大，把优势发挥到极致。当生活和工作中有了自己的强项时，我们的内心就会变得强大，自卑自然就会离我们远去。

六、适当地投身于体育运动

适当地参加体育运动，既可以锻炼身体，又有利于心理健康。研究表明，每天定时从事跑步、骑自行车、疾走等有氧运动，可有效地控制不良情绪。运动可加速心跳，促进血液循环，改善机体对氧气的利用，从而振奋精神，驱走忧虑与烦闷，宣泄不良情绪所造成的内心紧张。针对六种心理问题向幼儿教师提供以下运动处方：

（1）急躁易怒者：打太极拳、下棋、慢跑、游泳、长距离的步行等持久、缓慢的项目，可增强自我控制的能力，稳定情绪。

（2）遇事紧张失常者：多参加公开的激烈的体育竞赛，如足球、排球、篮球。因为场上形势多变，比赛紧张激烈，只有冷静沉着地应对才能取得优势。常在这样紧张的场合接受考验，久而久之，遇事就不会过分紧张，更不会惊慌失措。

（3）孤独、怪僻、不合群、不习惯与同伴交往者：参加集体项目的锻炼，比如足球、排球、篮球、接力跑、拔河，会帮助他们逐步适应与同伴交往，并使他们更加热爱集体。

(4) 腼腆、胆怯者：溜冰、单杠、平衡木、跳马、摔跤、游泳等，这些活动要求人不断克服害怕摔倒、跌痛等各种胆怯心理，以勇敢无畏的精神去战胜困难、越过障碍；经过一段时间的锻炼，胆子定会变大，处事也会老练起来。

(5) 自负、逞强者：选择难度较大、动作较复杂的项目，比如跳水、体操、马拉松、艺术体操，也可找一些水平较高的对手。

(6) 处事犹豫不决、不够果断者：乒乓球、网球、拳击等项目，任何犹豫、徘徊都会贻误时机，导致失败，常练便会增强果断的个性。

要想使体育锻炼达到心理转化的目的，锻炼必须有一定的强度、质量和时间要求。每天的锻炼时间要在30分钟左右，运动量应从小到大、循序渐进，三个月为一周期，进行两个周期以上方才有效。要注意运动的适应症和禁忌症，还要注意防止发生意外。

七、学会合理安排工作与休闲，避免心理上的超负荷

许多教师由于有着强烈的事业心和责任感，因此，他们往往过于专注于工作，而忽视了人生的其他意义，这就很容易进入职业倦怠状态。因此，幼儿教师在努力工作、享受工作的同时，还要学会享受生活的其他乐趣，特别是休闲（休闲指个人自愿参加的、以寻求舒畅和愉快为目的的活动）的乐趣。幼儿教育工作单调、繁重、有形无形的限制多，身心容易失衡，参加休闲活动，对幼儿教师有以下好处：增进身心健康，提高个人价值；宣泄紧张情绪；找到工作以外的乐趣，使精神上有所寄托，缓解工作带来的紧张；扩大社会接触面；促进家庭生活的和谐。

另外，幼儿教师群体是个充满竞争的群体，在这种竞争的环境里，我们要学会适当休息，适当娱乐。不要做"工作狂"，"明天"的工作，不要今天做；"明天"的工作是永远做不完的，总是为"明天"的工作而忙个不停，只会让你身心憔悴。

由于过于忙碌，我们无暇体味生活的快乐和幸福，因此，我们不妨在自己的工作和生活中尝试3S，即：暂停（stop），放慢（slow），静思（silence and think）。

（一）学会暂停

现代社会的紧张与压力使很多人整天生活在抢时间的状态之中，总是感觉时间不够用：没有时间休闲，没有时间锻炼，没有时间看病，没有时间与亲人相处，没有时间思考……这些忙碌的人抢到很多很多的时间，也可能因此而获得了所谓的成功和大把的财富，却可能把自己弄丢了：失去了健康、亲情、友谊、幸福，甚至还失去了自我。这些人永远跑在自己的前面，他们忘记了自己追赶时间的目的，忘记了人生的乐趣和意义，直至忘记了自己是谁！这难道不是得到了时间却牺牲了自己吗？

因此，我们建议给自己忙碌的生活按一下"暂停键"。

约上三五位知己或一家三口，背上行囊，到山地、森林、湖畔或溪涧去感受大自然的宁静、单纯、闲适。

脱下那身严谨的职业装，穿上宽松的休闲服，去散步，去跑步，去打球，去游泳……

离开你工作的城市，回老家看看年迈的父母，看看孩提时的小伙伴……
……

这时，我们常常会有意外的发现，原来给生活按下暂停键是如此的惬意。

（二）放慢节奏

我们生活在一个讲求速度的时代，我们力求每一天、每一小时、每一分钟乃至每一秒钟都能做更多的事情，我们挣扎在精疲力竭的边缘……

把节奏放慢下来，去关心一下长辈，去呵护一下孩子，去向擦肩而过的路人问声好，去追逐美丽花丛中飞来飞去的蝴蝶，和孩子一起去小池塘捞蝌蚪，去捡起一片片落叶，去倾听大海的波涛，去奔跑，去歌唱，去……

（三）尝试静思

静思就是为自己留出独处的时间和空间，做你个人喜爱但总是没有时间去做的事情。我们不妨把白云当被，把草地当床，让阳光沐浴，让清风拂面，去体会每一时刻的幸福。其实，贫困中相濡以沫的一块蛋糕，患难中心心相印的一个眼神，夕阳下携手并肩的一次漫步，除夕夜三世同堂的一次推杯换盏……这些都是千金难买的幸福啊！深呼吸，然后静静地想，静静地回味……

关掉你的手机，关掉你的电脑和电视，过一会儿没有外界打扰的清静的生活。

要想过上一种宁静的生活，我们就应该学会纯粹，学会淘汰心里的那些杂念，学会删减留在心中的那些斑驳的欲望。

不知从何时起，我们的许多活动都被异化了：生活不再是为了生活，而是为了生活给别人看；幸福不再是为了自己内在的幸福，而是为了幸福给别人看；工作不再是为了工作，不是乐在其中，而是为了谋生，为了报答他人、报答领导；兴趣不再是为了内心的需要，而是为了迎合别人的兴趣或者为了追求时髦；做研究不再是为了学问，而是为了给评职称积累资本，或者为了别人的夸奖——为了学问以外的东西；吃饭，不再是为了生命活动的需要，而是为了应酬,为了面子……

　　本来人活着就很好,人活着就是一件令人欣慰的事情,但由于人们的关注点不再是"活着"本身,而是"活着"的结果,因此,人们遗忘了"活着"的过程意义,"活着"变成了一种功利的手段,人们在"活着"的过程中没有体会到真正的幸福快乐。

　　想过一种安静、单纯的生活,首先需要我们的心是宁静的、单纯的,而要做到这一点,幼儿教师不仅要学会工作,还要学会生活,学会放松自己。只有这样,幼儿教师才能以健康的身心和充沛的精力投入到工作中去,并在工作中获得幸福快乐。

　　【案例】　钟教授在过于匆忙的工作和生活中逝去

　　老钟是某大学唯一一位享受国务院政府特殊津贴的专家教授。1999年他体检时发现左心室增大,2000年体检时,又发现心电图有S-T改变。医生劝他多注意休息,他总是匆匆地来量血压,说:"时间紧迫,要做的事太多,顾不上这些了。"

　　2000年春,他到某市面试博士生,并同时到邻近几个省的有关单位进行紧张的谈判,力争得到"十五"国家攻关和有关部、院的科研项目基金。因急于赶回去验收从美国进口的科研仪器,他在未买到飞机票和卧铺票的情况下赶回单位。由于极度疲劳,他出现腿肿、胸闷、心胶痛等症状,心电图出现S-T改变。医生开证明让他休息,并通知患者所在系的办公室强迫他休息,但他仍坚持去对做毕业设计的学生进行指导。十天后,他仍感到心绞痛,在医院做心电图运动试验,结果呈阳性,确诊为冠心病。他一边口含硝酸甘油止痛,一边白天测试新仪器、晚上指导研究生。老钟临终那天上午心绞痛频发,下午是政治学习时间,他为了事先安排工作,下午两点赶往办公楼,心绞痛再次发作,含了硝酸甘油后又来到四楼的办公室,在办公室突然发出一声尖叫，继而晕倒，经专家抢救无效逝世，年仅58岁。世人无不为英才早逝而痛心！

钟教授逝世后，许多人认为他死于忙碌的工作，也有人认为他是死于心脏病。但从心理卫生学的角度来看，钟教授早逝的根本原因在于他的A型性格。那么，什么是A型性格呢？

A型性格的特征表现为：性急，没事干就闲得发慌，总把工作安排得满满的，常常同时考虑和做两件或多件不同的事；在一起活动时，对别人做事老是不放心，见别人做得慢或做得不好就心急如焚，恨不得自己替他们做；好胜心强，喜欢与别人比高低，而且爱占上风，只能赢，不能输；时间观念强，走路常常是急匆匆的，不愿跟在别人后面慢慢地走；说话坦率，出口无心，而且声音响亮，在谈话中指手画脚，常打断别人的话，别人说话慢一点、长一点就没耐心听下去。对A型性格的人来说，奋斗与成就并不足够，今天就必须达到目的，明天已经太晚了。与A型性格相反的行动比较缓慢的则是B型性格。

美国著名心脏病专家弗里德曼（M. Friedman）等人经过长达30年的观察研究发现，A型性格的人患冠心病的比例是B型性格的1.7～4.5倍，而且发病率与饮食、有无高血压等无关。美国全国心、肺和血液研究所对A型性格调查表的统计结果表明：A型性格患冠心病的比例高达98%以上。当然A型性格并不等于冠心病，但这种性格的人长期处于紧张和应激状态，这些心理行为的反应，通过神经内分泌机制而引起一系列变化，如血液中的血小板数目增加，血清中胆固醇和甘油三脂的浓度增高，特别是急躁发怒时，血清中胆固醇的含量在半小时内可增加一倍。此外，A型性格的人具有紧迫感，可使儿茶酚胺的分泌增加，引起心跳加快、血压升高，心肌代谢所需要的耗氧量增加。这种种不正常的变化，正是诱发冠心病的因素。还有一些研究表明，A型性格的人在进食含糖食物后，体内分泌胰岛素较多，而高浓度的胰岛素对血管内皮有侵蚀作用，血管内皮脱落后，胆固醇就容易侵入血管壁形成粥样斑块，堵塞血管腔，促发冠心病。

钟教授就是一个比较典型的Ａ型性格的人，他雄心勃勃，好胜心强，工作起来不知道休息，一件事没做完又想干另一件事，最终因心脏病突发而逝世。但究其原因，主要根源是其Ａ型性格，这种性格使他长期积压负重，紧张忙碌，最终导致疾患由量变到质变。由于心理方面的原因引起身体方面的病变而英年早逝的知识分子在我国确实不少，这不能不引起有关部门的注意，但作为当事人来说，亦应学一些心理自我保健的方法，使自己早日从Ａ型性格中走出来。

那么，Ａ型性格的人到底该如何从中走出来呢？

（1）要相信Ａ型性格是可以改变的。上面所提到的美国的弗里德曼博士，患冠心病前就曾是一个典型的Ａ型性格者。后来，他努力改变Ａ型性格，终于使他的生活步调平衡，感受到生活的乐趣，其冠心病症状也得到了明显的改善。所以Ａ型性格者一定要树立这方面的信心。

（2）要学会休息。Ａ型性格者往往都有"工作第一"的信念，他们每天早出晚归，还常常加班，恨不得一天当作两天用。他们为自己没有"浪费"时间而骄傲；他们认为，不停地工作就是人生的全部内容，只有工作才能获得满足，因此，如果哪一天没有工作可做，他们就会手足无措、坐立不安，并为自己这一天没有"实现自我价值"而悔恨失落。从心理学角度来看，这已属于病态心理行为了，可惜Ａ型性格的人并没有意识到这一点。所以，要想从Ａ型性格中走出来，Ａ型性格的人就应该学会适当地放慢工作速度，学会娱乐，做到劳逸结合，学会平衡工作和生活，把每天的工作时间控制在10个小时以内，其余的时间拿来进行体育锻炼和有益的娱乐活动，这对缓解紧张的心理十分有效。卡内基说得好，"真正的顶尖生活高手既是工作的高手，又是休闲的高手"。确实如此，不会休息，不会娱乐，就不会工作。

因此，A型性格的人，在制订各项计划时，不要忘了制订一份休闲计划——每天一次小活动，每周或每两周一次大活动。不要以为休闲是浪费时间，其实，合理地休闲是为了更好地工作。如果制订一份既令人愉快又切实可靠的休闲计划，那么在这个时间到来之前，你的心情就会是愉快的、有"盼头"的。这样可以使你大大减轻工作中的压力，也使你学会从工作之外获得精神上的满足。

（3）要学会适当地留有余地。A型性格的人，无论是在学习和工作方面，还是在生活方面，都是急匆匆的。这种急匆匆的工作和生活方式，无形中也会使自己产生一种心理压力。因此，A型性格的人应该在每天工作和生活的时间安排上计算提前量，养成提前行动的好习惯。比如，如果你要准8点到办公室，6点半起床时间刚好够用，那么，你不妨6点10分即起床，这样留有20分钟的余地，可使你做事从容，上班途中如遇堵车等意外情况时，也能不急不躁，减少心理压力。做其他事情，如访友、看病、看球赛、看电影也是这样。

（4）不必过分较真。A型性格的人好斗，凡事好与人较劲，这对心理健康的危害很大。我所认识的一些A型性格者，他们除了工作特别勤奋认真外，就连对平时的娱乐活动和体育运动也十分认真，十分看重输赢，他们常为打球、打牌、下棋中的"不公平"、"不合理"而大发脾气，甚至还与人吵架打架，晚上下棋或打牌赢了，兴奋不已，彻夜难眠；输了，则闷闷不乐，为下棋或打牌中的"臭招"后悔不已，其睡眠状况也就可想而知了。A型性格的人，由于过分认真、事事较真，所以他们参与的一切社会活动（包括娱乐活动）都充满了"竞争心理"和"火药味"。这样他们很难得到真正的休息，他们常常周期性地甚至是持续地产生身心疲惫感。因此，要走出A型性格，就要学会放松自己，不必事事都过分认真。

A型性格对我们的身心健康有着极大的危害，所以我们应该尽量避免形成A型性格；如果我们已形成了A型性格，那么就应该努力从中走出来。

【莫源秋.走出A型性格[J].健康生活，2004（1）.】

八、学会选择与放弃

许多人进入了不惑之年，却一直还在"惑"中过日子，受尽"惑"的折磨，真是可怜！

人的困惑是由于人心中有太多的"惑"，并且这些"惑"都具有吸引力，这时，人就更加困惑了。看来，"惑"太多并不是件好事，特别是当你还没有学会选择的时候，很多人就是因为面临多种选择而被弄得心烦意乱，甚至身心憔悴。请看下面的故事：

牧童与母狼

《聊斋志异》中有这样一则故事：

两个牧童进深山，入狼窝，发现两只小狼崽。他俩各抱一只分别爬上大树，两树相距数十步，片刻老狼来寻子。一个牧童在树上掐小狼的耳朵，弄得小狼嗷嗷直叫，老狼闻声奔来，气急败坏地在树下乱抓乱咬。

此时，另一棵树上的牧童拧小狼的腿，这只小狼也连声尖叫，老狼又闻声赶去，就这样它不停地奔波于两树之间，终于累得气绝身亡。

这只狼之所以累死，原因就在于它企图救回自己的两只狼崽，一只都不想放弃。实际上，只要它守住其中一棵树，用不了多久就能至少救回一只狼崽。

现代社会充满着众多的诱惑，我们要学会理性地、果断地做出选择，否则，我们也很容易被同样具有吸引力的两个或多个目标弄得精疲力竭。

（一）了解自己最需要什么

面对多种选择，首先要了解自己最需要的是什么，然后根据自己内心的需要去做出选择，这样，今后就没有什么好后悔的。

（二）正确认识每个选择的得与失

每种选择都不可能是完美的，并且每种选择都意味着有得有失。因此，选择了A，就意味着放弃B、C……同时，还意味着在享受A所带来的"好处"的同时要勇于承受选择A所带来的"后果"——因为无论是A，还是B、C……都不可能是完美的，A、B、C、D……都各自存在自己的优缺点。

只有具备了上述认识，选择之后你才不会后悔，才不会埋怨，日子才会过得快乐。

（三）切断退路，让自己别无选择

任何选择都有其合理与不合理的两面，我们往往无法精确衡量得失的大与小。因此，选择A之后，特别是在选择A而碰到困难之后，就不要再去花时间和精力去假设或推算"如果当初不选A，而选择B/C/D，我将……"而应该专心致志地为之努力，这往往会使我们获得更丰厚的回报。

曾经有过这样一个比喻："把一对夫妇安置到人迹罕至的大森林里去生活，想必他们不会有离婚的念头，因为别无选择，他们将致力于巩固彼此的关系。"事实上，无论在人生的哪一个领域，别无选择都会是最好的选择——它能使我们集中个人有限的精力，去走好自己已经选择的路。

在重大选择（如，选择工作，选择爱人，选择房子等）面前，采取"切断退路"的策略，会让我们更加珍惜所拥有的，进而把当前的工作做好，把当前的日子过好。

九、抛弃九种不合理的信念

要想过上一种轻松的生活，就必须抛弃下列九种不合理的信念：

（一）一个人应被周围的人，尤其是生活中重要的他人喜欢和称赞

有些幼儿教师觉得，有价值的人应该被所有的人，特别是重要他人（如，父母、同事、园领导）所喜欢。因此，他们潜心去研究重要人物的好恶，凡事都力求做得尽善尽美，博得所有人的欢心。如果发现有哪件事使得他人，特别是重要人物不高兴了，就会出现较强的焦虑、不安、后悔和恐慌情绪。在现实中，这些教师常常会靠委曲求全来取悦他人，以图得到赞赏，但结果必定是：一方面他总是让别人牵着自己的鼻子走，会感到活得很累；另一方面他会经常感到失望和沮丧——因为本想八面讨好，结果却是处处不落好。

【案例】 父子骑驴

父子俩进城赶集。天气很热。父亲骑驴，儿子牵着驴走。

一位过路人看见这爷儿俩，便说："这个当父亲的真狠心，自己骑驴，却让儿子在地上走。"父亲一听这话，赶紧从驴背上下来，让儿子骑驴，他牵着驴走。

没走多远，一位过路人又说："这个当儿子的真不孝顺，老爹年纪大了，不让老爹骑驴，自己却悠游自在地骑着驴，让老爹跟着小跑。"

儿子一听此言，心中惭愧，连忙让父亲上驴，父子二人共同骑驴往前走。

走了没多远，一个老太婆见了父子俩共骑一头驴，便说："这爷儿俩的心

真够狠的，那么一头瘦驴，怎么经受得住两个人的重量呢？可怜的驴呀！"

父子二人一听也有道理，又双双下得驴背来，谁也不骑了，干脆走路，驴子也乐得轻松。走了没几步，又碰到一个老头，指着他们爷儿俩说："这爷儿俩都够蠢的，放着驴子不骑，却愿意走路。"

父子两人一听此言，呆在路上，他们已经不知道该怎样对待自己和驴了。

确实是这样，过分在乎别人的意见会让我们无所适从，活得很累。

（二）一个有价值的人应该在各方面都比别人强

有些幼儿教师好胜心很强，总希望自己在各个方面都比别人强，为此他们总是不断地努力。但事实上，"山外有山，天外有天"，不管他们怎么努力，要在各方面超越所有的人的愿望还是无法达到，因而活得又累又没有成就感，终日焦虑、烦燥、不安……

人的精力和能力是有限的，能在某些方面甚至是在某一方面有所成就、超越别人就很有价值了。即便我们不能超越别人，只要我们能充分利用自己的潜能始终从事有益于社会的事情，我们就是一个有价值的人。

（三）坏人都应该受到惩罚

有些幼儿教师总是记恨别人，不能原谅别人，常常因别人一时的错误而将其视为"坏人"甚至"敌人"，并且固执地认为这些"坏人"都应该受到惩罚，否则，他就会感到十分不安。

人人都有可能犯错误，对那些犯错误的人要宽容以待。原谅别人，就是原谅自己；给别人出路，就是给自己出路。

（四）如果事情非己所愿，那将是可怕的事情

事实上，凡事都有其运行的客观规律，这是不为人的意志所转移的，所以有上述想法的幼儿教师，常常在生活和事业上有挫折感，常常处于一种自卑、自责的境地。

我们应该学会尊重现实、接受现实。

（五）自己不快活，是外部事件引起的

平时常听一些幼儿教师说："你真令我伤心"；"园长这样做，太令人气愤了"；"奖金那么低，工作真没劲"。似乎所有的不快乐都是外在因素所造成的，个人无法控制。

事实上，不快乐情绪的产生都是由当事人的价值观决定的，而不是由别人或客观事件引起的；通过改变自己的态度，人是可以获得快乐和幸福的。

（六）人必须依赖别人，只有这样才能生活得好些

这与现代社会发展是不相符的，过于依赖别人，一旦别人顾不了你时，你就容易产生忧虑和愁闷。

每个人都是一个独立的个体，别人至多只能在某些方面帮助你，但不能代替你生活。安全感的获得要依靠完善自我、壮大自我来达到，而不是依靠别人。

（七）以往的经历和事件常对现在有决定性的影响且永远难以改变

这种人常"一失足成千古恨"，永远不能从过去中走出来，因而未能很好地把握今天。

过去已成历史，它并不决定现在和将来，人可以通过自身的努力改变

现状。

（八）对他人的问题应当予以非常的关切

关心他人、富有同情心，这是有爱心的表现。但过分投入他人的事情，则未必妥当。有些人总是过于为他人的问题而烦恼，并总是想方设法控制他人，让他人依从自己的意愿，这实际上是低估了别人解决问题的能力；同时，由于只顾替他人操心，反而忽视了自己的问题，最终导致不仅没有能力去帮助别人解决问题，而且使自己的问题变得更糟。

正确的做法是，不要过度卷入别人的事情，帮助别人要量力而行。

（九）任何问题都应有一个"完美"的答案

人生中遇到的许多问题都不只有一个答案，在一个问题的众多答案中也不存在一个绝对完美的答案。人生是一个复杂的历程，对于任何问题都要寻找完美的答案，那就会使自己感到失望和沮丧。我们应该只求够好，不求最好。

人要学会快活，创造快活。不是世界不美丽，而是你没有发现。要想快活，就要去学习，要学会原谅自己、原谅别人，学会在"不确定"中生活，学会有弹性地思考，要能容忍"异己"，过分认真会让自己很累。下面给大家推荐《证严法师静思语》，希望能帮助大家树立理性的信念、理性地思考、理性地做人。

证严法师静思语

(1) 心中常存知足、善解、感恩、包容。

(2) 原谅别人就是善待自己。

(3) 成功是优点的发挥，失败是缺点的积累。

(4) 不要小看自己，因为人有无限的可能。

(5) 多做多得，少做多失。

(6) 做该做的事是智慧，做不该做的事是愚蠢。

(7) 脾气、嘴巴不好，心地再好也不能算是好人。

(8) 知识要用心去体会，才能变成自己的智慧。

(9) 要比谁更爱谁，不要比谁更怕谁。

(10) 每天无所事事，是人生的消费者，积极、有用才是人生的创造者。

(11) 为自己找借口的人永远不会进步。

(12) 看别人不顺眼，是自己修养不够。

(13) 尽多少本分，就得多少本事。

(14) 气，是拿别人的过错来惩罚自己。

(15) 真正的快乐，不是拥有的多，而是计较的少。

(16) 在批评别人的时候，先想想自己是否完美无缺。

(17) 小事不做，大事难成。

(18) 说一句好话，如口吐莲花；说一句坏话，如口吐一条毒蛇。

(19) 有两件事不能等：孝顺、行善。

(20) 道德是提升自我的明灯，不该是苛责别人的鞭子。

(21) 欣赏别人就是庄严自己。

(22) 得理要饶人，理直要气和。

(23) 唯有尊重自己的人，才更勇于缩小自己。

(24) 一个人不怕错，就怕不改过，改过并不难。

(25) 君子行事为目标，小人行事为目的。

(26) 人世的艰难与折磨，就是一种考验。

(27) 做好事不能少我一人，做坏事不能多我一人。

(28) 待人退一步，爱人宽一寸，就会活得快乐。

(29) 人的眼睛长在前面，只看到别人的缺点，丝毫看不到自己的缺点。

(30) 信心、毅力、勇气三者具备，则天下没有做不成的事。

(31) 发脾气是短暂的发疯。

(32) 能善用时间的人，必能掌握自己努力的方向。

(33) 有多少力量做多少事，不要心存等待，等待会事久落空。

(34) 不要随心所欲，要随心教育自己。

(35) 能干不干，不如苦干实干。

(36) 为人处世要小心细心，但不要"小心眼"。

(37) 人生没有所有权，只有使用权。

(38) 谎言就像一朵盛开的鲜花，外表美丽，生命短暂。

(39) 难行能行，难拾能拾，难为能为，才能升华自我的人格。

(40) "福"要自己去造，不要去求。

(41) 常常受到挫折，也要感谢天意的磨炼。

(42) 不怕一丈走不到，只怕寸步不移。

(43) 人间的是非，要当作自己的教育。

(44) 与人相处，应能成人之美，涵养容人之德。

(45) 以诚待人、以德服人，是最好的管理方法。

(46) 有人说，心好就好。但是徒有好心，如果不去化为行动，就不能成为好事。

(47) 世间没有一样容易的事，没有逆境的事，不值得我们去作为人生的灯塔。

读过《证严法师静思语》，相信我们每个人都有心灵被净化的感觉。每个星期读一次《证严法师静思语》，我们会变成内心十分平静和强大的人。

证严法师，俗名景云，1937年出生于台中，因父亲早逝、母亲多病，悟人生之无常而出家。1966年，在花莲山上清修的证严法师，偶然在地上看到"一摊血"，得知一个难产的山地妇人因交不起保证金而被医院拒于门外，遂发下宏愿，要建造一所专门给穷人看病的医院。当时，要建一所医院起码需要8亿新台币，这对一个清修的比丘尼来说无疑是天文数字，然而她后来不仅在花莲建成了第一所慈济医院，还把慈济志业扩展到全球。40多年来，证严法师筹集了逾百亿新台币的善款，在慈济功德会的帮助下，世界各地蒙恩受惠的贫民、病人、灾民不计其数。

十、确立正确的幸福观

请看下面的一个案例：

【案例】 幸福决定于你的思维方式

小杜是我的一个学生，她不知道从什么时候起，变成了一个十分忧郁的人：每天总是唉声叹气、闷闷不乐，脸上很难挤出点滴笑容。这样的日子已经有很长一段时间了。但自从前段时间到我这里聊了一个多小时后，她整个人发生了根本性的变化——变得乐观、活泼和积极向上了。

那天，我问她为什么不开心，她告诉我她的生活有很多不如意：

（1）我出身在一个农民家庭，父母无钱、无权、无地位。

（2）我的中考成绩很不错，考了全乡第一名，可是由于当时家庭经济困难，我只能读中师或幼师——因为师范生有助学金，要不然，我读高中肯定能考入重点大学。

（3）我读幼师时，成绩十分优秀，却没有前途——成绩优秀也没有用——再优秀也不能考大学（由于当时教师奇缺，这方面管得很严），再优秀也不能分配到城市里，因为我的出生地是所谓的急需人才的"老、少、边、山、穷"地区，我必须回到我的出生地——那车船不通的山沟沟里任教。

（4）我因教学成绩突出得以调进省城，以为这样就可以过上好日子了。可没有想到的是：由于自己在工作方面表现突出，所以当我想调到另一家经济效益较好的幼儿园时，我被原单位"封杀"了——那真是没有成绩没人要你，有了成绩人家又不让你走！！这真是让我痛苦异常！没有过硬的"关系"，最后我只好继续在原单位工作。

（5）虽然所有领导，包括主管我们城区幼儿园的上级领导都认为我是一流的幼儿教师，但由于我曾经有过调走的念头，他们都将我打入冷宫——不让你走，也不重用你。这一处境更是让我痛苦不堪！

（6）我虽然在省城工作，但我的老公仍在那遥远的山沟沟里任教。虽然他很爱我，我也很爱他，但看到人家出双入对，我心中总免不了无奈和惆怅——何年何月我们才能结束这牛郎织女式的生活？！

（7）由于工作的缘故，我们晚婚晚育，但是搞不清楚是由于什么原因，我的孩子早产了，出生时只有2.3斤，花了将近两万元钱的医疗费孩子才得以平安地出院回家。

……

接着，她又深深地叹了一口气说："你看我是多么的不幸，多么的失败！我还能开心得起来吗？"

而我笑着跟她说："你不知道大家多羡慕你！"说完，我拿起笔和纸在她面前写出了下面的话：

（1）你出生在一个和睦幸福的家庭：父母勤劳善良，教子有方，六个儿女全在省城或者省外工作。你父母现在是村里最受人尊敬的老者。

（2）你头脑聪明，学习成绩好，工作业绩突出，令人羡慕。只要你继续努力，肯定还会做出令同行们更加羡慕的成绩！

（3）你在省城有一份稳定的工作，在工作方面小有成就，还有一套四室两厅的住房，这也是许多城里城外的人都十分羡慕的。

（4）你有一位深爱着你的丈夫，同时你也深爱着他。在许多像你这个年龄（三十七八岁）的女士看来，这是人生中最宝贵的东西。

（5）由于天各一方，你们在节假日里可以经常过上胜似新婚的幸福生活，因为人们常说"久别胜新婚"嘛。难道这不是一种与众不同的幸福生活吗？！

（6）你的孩子虽然是早产儿，但是她现在一切都安好，而且聪明、活泼、可爱。读小学六年级的她，年年都被评为"市三好学生"，文化课的成绩一直在全校名列前茅。

写完，我说："你这么幸运，这么成功，不应该整天垂头丧气的呀！"我还说："你应该生活在当下，多看到今天所拥有的，多享受今天所拥有的，心存感恩之心，对任何事物都往积极的地方想，就一定能过上充满幸福感的生活！"

确实，在大多数情况下，你的观念决定着你的幸福感。因此，我们要放弃错误的幸福观，树立正确的幸福观，并学会把幸福的感觉拉长。

（一）抛弃四种错误的幸福观

为了获得幸福的体验，我们必须放弃如下四种错误的幸福观：

1. 财富＝幸福

在我们这个时代，财富已经成为大家追求的目标。一个人在社会上成功与否，在许多人看来，恐怕主要的标志就是他的财富有多少，甚至有人极端地将财富等同于幸福来追求。其实财富与幸福并不是一回事。请看下面的案例：

【案例】 企业家与渔夫

渔夫慵懒地躺在海滩上享受着阳光。小渔船也搁浅在沙滩上。

来海岛度假的企业家对渔夫说:"如果我是你,我就会天天下海,打很多的鱼,然后把鱼卖掉,用卖鱼的钱投资扩大再生产,最后过上幸福的生活。"

渔夫问企业家:"什么是幸福的生活呢?"

企业家回答说:"就像我这样,可以来海边晒太阳啊!"

渔夫满足地说:"那我早就过上幸福生活了!"

这个故事告诉我们:幸福其实很简单,企业家拼命追求财富的最终结果不过就是过一种渔夫式的简单生活。

现实中许多人因为没有财富而焦虑,他们在追求财富的过程中很焦虑,他们获得巨大的财富后仍然很焦虑。因此,我们应该明确:幸福才是我们追求的目标,财富是实现幸福的手段而不是我们追求的最终目标。

2. 幸福=愿望实现

许多人把自己愿望的实现看成是幸福快乐。人是一种不断有所需求的动物,除短暂的时间外,极少达到完全满足的状态,一个欲望得到满足后,往往又会迅速地产生另一个欲望——人的欲望是无穷无尽的。

人不仅要满足生存需要,还要满足精神或意义需要;不仅要适应环境和自身的现实,还要超越环境和自身的现实。尼采说"人是有病的动物",因为他要不停地追问生命和生活的意义。弗洛伊德说:"当一个人追问生命的意义和价值时,他就得病了。"我们应该追求一种简单的生活,这样我们就会更加幸福。

3. 幸福=比别人幸福

几十年前,《巴尔的摩哲人》的编辑亨利说过,幸福就是你比妻子的妹夫多挣 100 美元。

现实生活中，确实有这样的人，他们所追求的幸福是"比别人幸福"而非幸福本身。他们往往因为别人的能力比他们强而感到不幸福，因为别人的财富比他们多而感到不幸福，因为别人的老公比她们的老公"高"、"富"、"帅"而闷闷不乐……

4. 幸福＝"好结果"

经常听到有些教师说，幸福就是年终奖得了全园唯一的特等奖；幸福就是死后还有两套房子给孩子——一套给孩子住，一套给孩子出租；一个月最幸福的那一天就是领工资——笑眯眯地数着钱的那一天……

将幸福等同于好的结果，让人们忘却了过程的幸福，其实过程的幸福对我们而言更具有真实的意义。人生的幸福如此，工作的幸福亦如此。

（二）幸福就是做自己最喜欢做的事

对我们而言，最幸福的就是做自己最喜欢做的事：与自己心爱的人生活在一起、做自己喜欢的工作……

【案例】 什么样的人最快乐

英国《太阳报》曾以"什么样的人最快乐"为题，举办了一次有奖征答活动，从应征的 8 万多封来信中评出四个最佳答案：

（1）作品刚刚完成，吹着口哨欣赏自己作品的艺术家；

（2）正在用沙子筑城堡的儿童；

（3）为婴儿洗澡的母亲；

（4）千辛万苦开刀后，终于挽救了危重病人的外科医生。

要使自己成为快乐的人，第一个答案告诉我们必须工作，有工作，就会使人快乐；第二个答案告诉我们，要快乐，必须充满想象，对未来充满希望；

第三个答案告诉我们，要快乐，一定要心中有爱——那种无私的、不计报酬的爱；第四个答案告诉我们，要快乐，一定要有能力，要有助人为乐的技能。只有这样的人，世人才会给他最美好的报偿，正所谓予人快乐，予己快乐。

（三）要学会放大幸福的感觉

小虹丈夫的文化程度不高，偶然在报刊上发表了一篇文章，十分激动，当晚举行了一次家庭宴会，以示庆贺。一个月后，丈夫下班回来，发现桌子上酒菜飘香，感到好奇怪，小虹笑吟吟地说，这是纪念他的文章发表满月，是把幸福的感觉拉长。由此，丈夫奋发学习，笔耕不止。

小虹是个很会享受幸福的人，相信如果一年后她丈夫还没有另外的作品发表，小虹一定还会再备上满桌的酒菜，陪丈夫纪念他的文章发表满周岁，把幸福的感觉再次拉长。

"把幸福的感觉拉长"是一种生活的智慧。我们应该向小虹学习，抓住每个幸福的事件，通过各种形式把幸福的感觉拉长，这样就会让我们时常生活在幸福之中。

十一、每天记录五件令你快乐的事情

积极心理学的研究表明：每天记录下让自己感到快乐的五件事情，确实有助于生理和心理都达到较高的健康水平。当每天记下五件快乐的事情成为习惯，个人日常生活的满意度就会大大地提高，你就会觉得越来越幸福。

（1）每晚在入睡前，写下五件让你感到快乐的事，这些事可大可小，从一顿饭到一个友好的微笑，从工作到信仰，都可以。

(2) 在写下它们的同时，去想象每件事发生时的情境和感受，这会让你的情感体验保鲜。

(3) 如果每天都做的话，有些事可能会重复地列出，没关系，这样做很好，重复可以帮助你更快乐，关键是要回忆体验当时的感受，要去珍惜工作和生活中的美好，而不是认为它们理所当然。

(4) 你可以自己做这个练习，也可以与你爱的人一起完成，比如爱人、子女或父母、兄弟姐妹。共同表达对生活的感激，可以让彼此的关系更加亲密和谐。

持之以恒地记录你每天的快乐，并且时不时翻阅这些曾经的快乐，那么，幸福快乐就会成为你的习惯。

十二、每天"十问"，问出好心情

如果你想走出常规，放松心情，以积极的心态开始新的一天，那就很有必要以自问的方式为开端，这些问题会给我们带来力量和好心情。

（一）我拥有什么？

通常我们会为自己没有的东西而苦恼，却看不到自己拥有的，如健康——可以听、可以看、可以爱与被爱，每天拥有食物供我们享用等。正如那句口口相传的话所说的："失去了才知道珍贵。"

数 乐 趣

当我闷闷不乐时，我就数我的乐趣。我有一个视我如宝贝的爸爸。一个大眼睛的侄儿。一个爱我的弟弟。我有要好的朋友。我有工作。我有一柜子自己喜欢的衣服。我还没有看完那套《金批水浒传》。我可以在熟悉的街道上逛。我信上帝，我心里没有见不得人的事。我的前途虽不光明，亦不至于黑暗。我没有企图。我只有舒服的家。

我不数我缺乏的东西，我专门享受我已经拥有的东西。没有一个人可以霸占全世界，讨得一切便宜。我没有打算这样，我只担心我不懂享受现在所有的福气，浪费了它们。

数数您拥有什么，其实我们都很富有！

【摘自：亦舒. 数乐趣[J]. 意林，2012（12）：60.】

【案例】 你拥有100万元

一位老人在湖边垂钓，旁边坐着一个愁眉不展的男青年。

老人问："你为何这样垂头丧气？"

"唉，我是个穷光蛋，一无所有，哪里开心得起来？"青年人非常郁闷地答道。

"那这样吧，我出20万元买走你的自信心。"老人想了想说道。

"没有那点自信心我就什么也做不了了，不卖！"青年把头摇得像拨浪鼓。

"再出20万元买你的智慧，你可愿意？"老人继续出价。

"一个空空的头脑什么也做不了。"男青年想都没想就一口拒绝。

"我再出30万元买走你的外貌。"老人望着青年人的面容说道。

"没有了外貌活着还有什么意思，不卖。"青年人答道。

"这样吧，最后再出30万元买你的勇气，如何？"老人笑嘻嘻地询问道。

"我可不想成为一个一蹶不振的人。"青年人愤愤地欲转身离去。

老人忙挽留他，缓缓说道："你看，我用20万元买你的自信心，20万元买你的智慧，30万元买你的外貌，30万元买你的勇气，这些一共是100万元，你都没同意卖。年轻人，你拥有着100万元，你还能说自己是穷光蛋吗？"

现实中，我们许多人之所以不快乐，是因为我们只看到自己所没有的，而没有看到自己所拥有的。比如，我们有着健全的躯体，但我们并不快乐，因为我们看到了那么多人比我们美丽；我们有着一个平凡而温馨的家，但我们并不快乐，因为我们看到了别人漂亮的衣服和车子……因为我们只看见我们所没有的，所以我们生活在喋喋不休的抱怨中，看不见生活的美丽，我们经常感到失落，让同事、朋友和家人生厌。因此，为了我们的幸福和快乐，也为了家人的幸福和快乐，请永远记住这句话吧："我只看我所拥有的，不看我所没有的！"

（二）我应该为什么感到自豪？

请为你已经取得的成绩而自豪。成绩不分大小，每一次成绩都意味着向前迈了一步。你可以为你刚刚上完一节精彩的公开课而感到骄傲，可以为帮助家长解决了一个学生教育方面的问题而感到幸福，可以为和孩子一起玩了一个有趣的游戏而露出微笑，也可以为结识了某位幼儿教育专家或读了一本新书而高兴。总之，一切都值得你自豪。

每天列出你引以为豪的4件事：

(1)_____

(2)_____

(3)_____

(4)_____

随着日积月累，你就会发现：你是一个有价值、有能力、与众不同的人。

（三）我应对什么心存感恩？

每天都有很多事情让我们为之心存感激，同时也有很多人值得我们感激，因为他们在无形中教会了我们一些事情。生活中的每一天对于我们来说都是一份珍贵的礼物。

　　心存感恩之心，是一种朗朗的心境，一种人性的光辉，天空因此而变得湛蓝，空气因此而变得清新，美好的事物因此而变得离我们很近很近。

　　让我们一起分享《感恩一切》这首歌的歌词：

感恩一切

作词／正兴　作曲／颂今

感恩每一滴水珠，
它把我来滋养；
感恩每一枝花朵，
它带给我芬芳；
感恩每一朵白云，
编织我的梦想；
感恩每一缕阳光，
托起我的希望。
感恩啊感恩，
感恩的心儿多么虔诚。
感恩啊感恩，
感恩的歌儿用心吟唱。

感恩亲爱的父母，
给予了我生命；
感恩敬爱的老师，
教会了我成长；

感恩帮助过我的人,
使我感受善良;
感恩伤害过我的人,
让我学会坚强。

我们要感恩一切人,
感恩父母,感恩老师,
感恩帮助我们的人;
更要感恩伤害我们的人,
因为它磨炼了我们的心志;
感恩欺骗我们的人,
因为它增长了我们的智慧;
感恩抛弃我们的人,
因为它教我们学会自立;
我们每个人在逆境中成长得最快,
所以在逆境中出现的人,
我们都要感恩。

感恩啊感恩,
感恩的心儿多么虔诚;
感恩啊感恩,
感恩的歌儿用心吟唱。
感恩啊感恩,
感恩的心儿多么虔诚;
感恩啊感恩,

感恩的歌儿用心吟唱，

感恩的歌儿用心吟唱，

感恩的歌儿用心吟唱。

感恩的心态可以改变一个人的一生。遇到一位好的幼儿园领导，要更加尽职地工作；假如你的幼儿园能提供很好的薪水，要努力工作以感恩惜福；万一薪水不理想，也要懂得在工作中不断提高自己的专业能力。

幼儿园工作为你提供了广阔的发展空间和施展才华的平台，你对幼儿园工作为你所带来的一切，都应心存感激，并力图通过努力工作、回报社会来表达自己的感激之情。

虽然幼儿园工作及其工作环境无法尽善尽美，但幼儿园工作中有许多宝贵的经验和资源，如失败的沮丧、自我成长的喜悦、温馨的同事关系、体贴人心的领导，值得感谢的家长和孩子，等等。如果你能每天怀着感恩的心情去幼儿园工作，在工作中始终牢记"拥有一份工作，就要懂得感恩"的道理，那么，你在幼儿园的工作中一定会收获很多。

（四）我怎样才能充满活力？

每天都要计划好做一些积极的事情，让自己充满活力。例如，可以给那些一直以来你都很欣赏却很久没有和他聊过的老师打电话，或策划一件能打动小朋友或家长的事情并付诸实践，或者留出时间和自己的孩子玩耍，或者陪自己的父母散散步、聊聊天等。

（五）我今天能解决什么问题？

幼儿教师每天都应该过一种有主题的生活，即心中有"问题"、有追求——今天我要研究幼儿园教育的什么问题，我要解决幼儿教育工作中的什么问题,我解决这些问题的具体措施是什么。每天都这样带着"问题"、带着想法去工作,你会发现工作很带劲,并且每天都会有所收获。

(六) 我能放下过去的包袱吗?

"过去的包袱"就是指那些常年积累起来的伤心的经历和怨气。背着这些沉重的包袱会严重地影响我们轻松前行,影响我们的生活质量,影响我们对幸福生活的追求。建议你对过去做一个总结,把值得借鉴的经验保存起来,然后永远地卸下那些只会给自己带来伤心的心理重负。请你在纸上写出最让你伤感的4件事:

(1) _____
(2) _____
(3) _____
(4) _____

扪心自问,这些事情对我还有什么积极意义吗?如果没有,把纸条烧了,并且努力去忘记它们。这样,每天清理一些心理重负,我们就能越活越轻松,日子越过越快乐。

(七) 我怎样换个角度看待问题?

美国成功学学者拿破仑·希尔就心态的意义说过这样一段话:"人与人之间只有很小的差异,但是这种很小的差异造成了巨大的差异!很小的差异就是所具备的心态是积极的还是消极的,巨大的差异就是成功和失败。"

海伦·凯勒说:"面对阳光,你就看不到阴影。"积极的心态,就是人心里的阳光!

或许,很多时候我们都埋怨不近情理的园领导,埋怨管教过于严厉的父母,埋怨过于苛刻的家长,埋怨别有心计的同事,埋怨屡教不改的幼儿。但换个角度来看,园领导的不近情理或许说明我们的能力还不够,正好是锻炼的机会;父母的管教过于严厉,正好成就了我们今天的优秀品质;过于苛刻的家长,让我们知道家长对当前的幼儿园教育有哪些需求,同时会让我们在工作上精益求精;别有心计的同事,让我们明白他们其实活得更累,他们的日子不见得比我们好过;屡教不改的幼儿,可以锻炼我们的教育耐性,可以让我们反思教育的有效性。这个世界,不因我们的观察不同而有所改变,但或许,我们可以通过调整自己的看法来调整自己的心情,调整自己迎风而立的姿态。

凡事换个积极的角度来看,你会取得意想不到的成功,下面的一个小故事就很好地诠释了这一点:

一位秀才进京赶考,住在一家旅店里。考试前两天的晚上他做了三个梦:第一个梦是梦见自己在墙上种白菜;第二个梦是梦见下雨天自己戴了斗笠还打着伞;第三个梦是梦见自己和心上人躺在一起背靠背。

这三个梦意味着什么,秀才摸不着头脑,第二天他便去找算命先生解梦。算命先生听他述说完三个梦后一拍大腿说:"我看你还是打道回府吧,没有什么希望了。你想:高墙上种白菜不就是白种(中)吗?戴了斗笠还打着伞不是多此一举吗?和心上人背靠背不是没戏吗?"秀才一听,心一下子掉进了冰窟窿,回旅店后便收拾包袱准备回家。

店老板感到有点奇怪,问他还没考怎么就要回去。秀才如此这般地把算命先生解梦的事说了一遍。店老板听了乐着说:"依我看,这次你一定要留下来,因为你高中的希望很大。你想:高墙上种白菜不是高种(中)吗?戴斗笠还打伞不是有备无患吗?和心上人背靠背躺在一起不是说明你翻身的机会就要来了吗?"秀才一听,觉得挺有道理,于是一改心灰意冷的状态,精神饱满地去参加考试,结果中了个探花。

试想:如果这位秀才相信算命先生的话,他还能够改写自己的人生吗?而店老板的一席话，使他换了个角度看问题，因而也就取得了意想不到的成功。

当你遇到了倒霉的事，或当你对生活感到绝望的时候，我建议你反复阅读俄国著名作家契诃夫的散文《生活是美好的》，相信你会受到启示的。

生活是美好的

生活是极不愉快的玩笑，不过要使它美好却也不难。为了做到这一点，光是中头彩赢了20万卢布、得了"白鹰"勋章、娶了个漂亮女人、以好人出名，还是不够的——这些福分都是无常的，而且也很容易习惯。

为了不断地感受到幸福，甚至在苦恼和愁闷的时候也感到幸福，那就需要：一是善于满足现状；二是很高兴地感到："事情原来可能更糟呢。"这是不难的。

要是火柴在你的衣袋里燃起来了，那你应当高兴，而且感谢上苍：多亏你的衣袋不是火药库。

要是有穷亲戚上别墅来找你，那你不要脸色发白，而要喜气洋洋地叫道："挺好，幸亏来的不是警察！"

要是你的手指扎了一根刺，那你应当高兴："挺好，多亏这根刺不是扎在眼睛里！"

如果你的妻子或者小姨练钢琴，那你不要发脾气，而要感激这份福气：你是在听音乐，而不是在听狼嗥或者猫的音乐会。

你该高兴，因为你不是拉长途马车的马，不是寇克的"小点"（注：寇克是19世纪德国细菌学家，"小点"指细菌），不是旋毛虫，不是猪，不是驴，不是茨冈人牵的熊，不是臭虫……你要高兴，因为眼下你没有坐在被告席上，也没有看见债主在你面前，更没有主笔土尔巴谈稿费问题。

如果你不是住在边远的地方，那你一想到命运总算没有把你送到边远的地方去，你岂不觉得幸福？

要是你有一颗牙痛起来，那你就该高兴：幸亏不是满口的牙痛起来。

你该高兴，因为你居然可以不必读《公民报》，不必坐在垃圾车上，不必一下子跟三个人结婚……

要是你被送到警察局去了，那就该乐得跳起来，因为多亏没有把你送到地狱的大火里去。

要是你挨了一顿桦木棍子的打，那就该蹦蹦跳跳，叫道："我多么有运气，人家总算没有拿带刺的棒子打我！"

要是你的妻子对你变了心，那就该高兴，多亏她背叛的是你，而不是国家。

照此类推……朋友，照着我的劝告去做吧，你的生活就会欢乐无穷了。

请牢记：困扰我们的不是事情本身，而是我们看待事情的态度；我们的烦恼不是源于我们的遭遇，而是源于我们对我们所遭遇的事件的看法；只有我们自己的思维才能赋予事件"好"或者"坏"的含义；消极情绪并非源于所发生的事件，而是源于我们自己对事件所持的想法和态度；改变不了事情就改变对这件事情的态度，一个人由于发生的事情而受到的伤害远不如他对这件事情的看法对自己的伤害更严重。

（八）我怎样过好今天？

做些与往常不一样的事情。走出常规，学会享受生活，那么生活就是丰富多彩的。我们要敢于创造和创新。

海子有一首诗《从明天起，做一个幸福的人》，它让每个人的心里都涌动着春天般的温暖、幸福与满足，生活的理想原来就是这么简单，幸福的感觉原来可以这样真实。试着按海子诗中所说的去做、去体验，你一定会发现你正被幸福包围着。请用心地去朗读海子的诗。

从明天起，做一个幸福的人。

喂马，劈柴，周游世界。

从明天起，关心粮食和蔬菜。

我有一所房子，面朝大海，春暖花开。

从明天起，和每一个亲人通信，

告诉他们我的幸福。

那幸福的闪电告诉我的，

我将告诉每一个人。

给每一条河、每一座山取一个温暖的名字。

陌生人，我也为你祝福，

愿你有一个灿烂的前程，

愿你有情人终成眷属，

愿你在尘世获得幸福，

我只愿面朝大海，春暖花开。

不过，在这里我更想借这首诗的名字"从明天起，做一个幸福的人"引出我的主张"从今天起，做一个幸福的幼儿教师"——别等到明天，从今天就开始幸福地生活！

（九）今天我要拥抱谁？

拥抱是我们的精神食粮。曾经有一位心理学家说过，要想健康，每天要至少拥抱八次。身体接触是人最为基础的需求，它甚至可以帮助我们开发大脑。因此，有空请抱抱我们的家人，抱抱我们的朋友。

（十）我现在就开始行动？

是让生活过得索然无味，还是积极向上，决定权就在你自己的手中。努力幸福地生活，努力幸福地工作，请从现在就开始吧。

本章参考文献

[1] 高德胜.生活德育论[M].北京：人民出版社，2005：20.

[2] 马绍斌.心理保健[M].广州：暨南大学出版社，1995：152-155.

[3] 莫源秋.幸福决定于你的思维方式[J].心理世界，2006（2）：61-62.

[4] 齐善鸿.精神管理[M].北京：中国经济出版社，2002：55.

[5] 俞国良，曾盼盼.论教师心理健康及其促进[J].北京师范大学学报：人文社会科学版，2001（1）：20-27.

[6] 朱翠英，凌宇，银小兰.幸福与幸福感：积极心理学之维[M].北京：人民出版社，2011：296-301.

第二章　基于幸福快乐的幼儿教育工作

西方有这样一句谚语：如果你选择了一个自己喜爱的职业，那么，你就没有一天是在工作。那是在干什么呢？在享受啊！

让幼儿教育工作成为自己喜欢的事情，为兴趣而工作，那么，幼儿教育工作就成了幼儿教师的人生幸福之源！

你和幼儿教育工作的关系，就如你和爱人之间的关系：你要是想他的好，你就会觉得他好；你要是老想他的坏，你就会每天都生活在烦恼中。

做自己喜欢的事，就快乐；喜欢自己做的事，就幸福。幼儿教师要努力挖掘和创造工作中的快乐，让工作真正成为一种快乐和幸福的享受。

一、热爱自己的工作

布洛斯说过："一个人如果有一份投合兴趣的工作，有可以让他全心投入的职业，他生命的力量便可找到充分的出口。这样的人是有福的。"对于一个幼儿教师而言，如果幼儿教育工作是他自己所喜欢的，那么，他是幸福的，也是幸运的；反之，他是不幸的，幼儿教育工作对他而言就是服苦役。

如果幼儿教育工作是他自愿选择并且喜爱的，那么这份工作就能让他获得成就感、幸福感和满足感，让他找到自我实现的感觉，正因为如此，幼儿教育工作就不会显得辛苦和单调，工作与欢乐的分歧在他身上就已消失了。

调查表明，在幼儿教育工作中取得优异成绩的人，都是喜欢这份工作的人，他们能从幼儿教育工作中获得快乐和满足，他们全身心地从事着这份工作，他们乐在幼儿教育工作之中，而不是乐在工作后的薪酬。幼儿教育工作的薪酬不一定很高，但他们往往能从幼儿教育工作中得到一种内在的满足，在生活上、工作上会更愉快，在事业上也会更成功。

因此，作为幼儿教师，我们选择了幼儿教育工作，就应该努力地去喜欢这项工作。这样对自己有好处，对幼儿的健康成长有好处，对社会也有好处。

请你扪心自问：你真正想与幼儿一起工作吗？还是在另一个领域你会更幸福一些？和幼儿一起工作，你感觉到幸福吗？你有成就感吗？如果都没有，我建议你不要从事这份工作，因为你不喜欢，你在工作过程中就体验不到快乐和幸福，幼儿也会因你而不快乐和不幸福。

热爱自己的岗位，工作会向你微笑；厌恶自己的工作，你将会被工作所厌恶。

二、发现和培育幼儿教育工作的魅力

没有一个职业是没有魅力的，只是不同职业的魅力表现是迥异的。有的职业有很大的经济魅力，如与商业相关的职业；有的职业有很高的社会地位魅力，如与政治相关的职业；有的职业有很高的成就魅力，如与科技相关的职业，等等。不过，这些魅力不是对立的，也无法截然分开。幼儿教师的职业魅力也涉及这些内容，具体表现在职业特点与精神追求两个方面。

（一）职业特点方面

幼儿教师职业具有以下职业特点：

1. 幼儿教师职业有较大的自由度

不像工人——固守机器，也不像行政人员——坐办公室，但这种自由是来自幼儿教师自己对幼教工作规律的深刻把握和科学运用，以及幼儿教师的勤奋好学和刻苦钻研。幼儿教师还有带薪寒暑假，这就使幼儿教师有充裕的时间安排自己的业余生活。

2. 幼儿教师职业有较高的稳定性

幼儿教师职业稳定性的主要表现如下：

（1）工作内容稳定性较高，甚至表现为明显的保守性。保育工作主要是对幼儿的吃、喝、拉、撒、睡等的照顾与身体护理，而教育教学的内容主要是幼儿成长所需要的核心经验，也是相对固定的。

（2）工作方式比较平稳。其活动方式基本是以游戏和幼儿的自主活动为主，不会有较大的动荡、起伏、刺激和危险性。幼儿教师间的竞争基本上是较温和的竞赛赶超，因而幼儿教师的工作是较平稳的。幼儿教师的工资收入也比较稳定，不用担心太大的劳动风险和投资风险；只要你是合格的，就能比较稳定地得到维持自己和家人生活所必需的工资收入。

幼儿教师职业稳定的原因主要有以下几点：

（1）幼儿成长要求使用稳定、安全、循序渐进的方式方法。

（2）幼儿教育的主要目的是使幼儿获得社会公认的稳定的价值观。

（3）幼儿教育效果的非量化形态化特征可减少竞争的直接对抗性和火药味。

（4）幼儿教师职业的人文特性，更使其具有文质彬彬的色彩。

（二）精神追求方面

从精神追求方面来讲，首先，幼儿的成长进步能使幼儿教师产生较高的社会成就感；其次，在教育活动过程中，幼儿教师扮演领导者和组织者的角色，有指挥权和建议权，这是他们的个人尊严和权威体现得最充分的时候；再次，幼儿教师通过自己的研究成果所取得的学术成就或产生的经济效益，也能增强幼儿教师对职业的兴趣，并激励其继续从事这一职业，尽善尽美地完成教育工作及其研究任务。现在幼儿教育越来越受到社会的重视，这也使得幼儿教师这一职业的魅力渐增。对于把自由视为最高境界和追求的人来说，幼儿教师职业无疑是较有吸引力的选择。

当前，许多幼儿教师对幼儿教育工作有着许多怨言，许多人在工作中有倦怠情绪。发现和培育工作的魅力，有利于提高我们的工作热情，有利于消除我们工作中的倦怠情绪，有利于重返刚刚开始从事幼儿教育工作时的"幸福状态"。

不愿意当幼儿教师的N条理由

(1) 整天有做不完的案头工作。

(2) 工作强度大，每天从早干到晚，中午不休息。

(3) 工资低。

(4) 整天在孩子的吵吵嚷嚷声中度过，没有一个安静的工作环境。

(5) 安全责任重大，就怕有个闪失，心理压力大。

(6) 有搞不完的活动、学不完的精神和无休止的比赛。

(7) 别人都以为咱们是低学历人群，其实，我们被逼着学这学那，甚至还要考研。

(8) 角色转换过快，刚刚还像个学者似的在搞研究；一眨眼就在给孩子洗裤子了;还得像个神经病似的当演员,演小猫小狗什么的;出去玩的时候是个义务的清洁工,把一些破东西捡回去废物利用;回到家像个暴君,把一肚子气全撒在老公、孩子身上。

(9) 社会地位低。别人总觉得当幼儿教师不需要什么文化,简直就是小儿科。

(10) 被别人称作"幼儿园阿姨"——有挫败感。

(11) 当别人用不胜羡慕的眼光,淌着口水说:"你们一个月能拿四五千块吧?"我晕倒!

(12) 每天24小时嫌少,48小时不够用,连做梦梦见的都是单位的事情。

(13) 吵啊,每天吵得不得了,脑子里总是嗡嗡声。回家后,谁让我听音乐,我就跟他急。

(14) 在家里什么破烂都舍不得扔掉,老公戏称:你上辈子肯定是捡垃圾的,而且没捡够!

(15) 我辛辛苦苦地与他朝夕相处三年,他一出了校门,就把我遗忘了!

(16) 明明不开心,可还得满面微笑;明明不想说话,可还得保持热情。

(17) 本来以为是很轻松的工作,其实不然!整天脑子里闹哄哄的,且责任重大,就怕出什么事。

(18) 什么都要做:漆匠、木工、清洁工……样样工具都要会用:刀、剪、绳、梯、刷……

(19) 爸爸、妈妈、男朋友是后备军,一旦忙起来,他们都用得上!抄抄写写、做教具……

(20) 回家后脱口而出的是幼儿园里常唱的歌曲,开电视得将声音放得很响;入睡了,孩儿们还会不请自到,匆匆挤进梦中——后遗症不少!

(21) 辛辛苦苦地工作着,脑子里整天想着孩子,却得不到家长的理解。带托班最郁闷,每天干得最多的事情是喂饭!!帮孩子大小便!!一年托班带下来,竟然学会嘘嘘时所配的口哨!我晕!

(22) 吃、喝、拉、撒、学——管得多——鸡毛蒜皮!文、理、弹、唱、画——算全能,领导希望我什么都行;家里人评价我:小儿科一个。

(23) 在家里孩子怎么摔大人都没事;在幼儿园里孩子自己跌跤,家长就对老师不依不饶!

(24) 电视节目中的幼儿教师是幼稚、无知的。

愿意当幼儿教师的 N 条理由

(1) 感到开心:孩子们永远是快乐的。

(2) 有假期:一年可以歇上两个月。

(3) 收入稳定。

(4) 在孩子崇拜仰慕的眼光里(多神气),有成就感。

(5) 没有学生升学率的压力,更没有分数对比的担忧。

(6) 做孩子的第二任老师(父母是第一任老师),很神圣啊。

(7) 可以和孩子的家长建立亲密的伙伴关系。

(8) 每天的童言稚语一箩筐,回家讲给家人听,开心能感染一家人呢!

(9) 班上老师说了算,大家都要听老师的,老师的"权力"很大。

(10) 整天和天真、活泼的孩子在一起,心态年轻,富有朝气,充满活力!

(11) 孩子童稚纯真的眼光,让你感到世界的美好!

(12) 可以玩一玩小时候没有玩过的玩具,尤其是滑梯及迷你健身器械,很好玩哦!

(13) 可以不用刻意粉饰自己,以真实、平和、诚挚的心态对待他人!

(14) 每次上早班,进班前就看到一张张稚嫩的笑脸。孩子们隔着玻璃窗就大喊:"老师,早上好!"那一刻我有种无法言说的幸福感——有点像首长阅兵的感觉。

(15) 宝宝们很调皮的时候,你被气得说:"我走了,再也不想看到你们!"当然,你没走之前,他们就已经哭得稀里哗啦的,被需要的感觉真好!

(16) 在别人眼中幼儿教师是琴棋书画样样都会,简直是现代版的大家闺秀,哈哈!

(17) 和孩子们在一起永远拥有一颗天真年轻的心,使人抛弃许多世俗的纷争和烦恼,快乐地生活!

(18) 喜欢孩子搂着我的脖子亲吻我的脸的感觉!

(19) 每天可以听到悦耳的童音,那可是天籁之音哦!

(20) 曾经羡慕办公室里的"白领"穿着套装吹着空调优雅地办公,因事去了一趟气派的写字楼,才发现:环境封闭,人们工作压力大,忙起来连说话的时间都没有。想想自己,不但想说就说,还可以趁着锻炼、散步的机会和孩子们一起自由呼吸,真是享受啊!

(21) 我一出现,孩子们欢呼一片,我太骄傲了!我一蹲下,就有孩子张开双臂抱我,我太满足了!我一开口,孩子们就把最秘密的事情告诉我,我太幸福了!我——喜欢当幼儿教师!

(22) 没有领导的苛刻,没有成人的复杂,有的是家长的微笑与关怀,暑假还可以与好友一起结伴旅游。

(23) 童年那种肆无忌惮的快乐对于大多数人来说是有时间限制的,可是,幼儿教师可以躲在职业的外表下快乐得随心所欲!

(24) 孩子们遇到困难时,会急切地向你求助:"老师,老师,快来啊……"那一刻觉得自己最伟大!简直是 SUPERWOMEN!

《不愿意当幼儿教师的 N 条理由》从消极角度看幼儿教育工作,因此,不仅没有发现幼儿教育工作的魅力,还发现了幼儿教育工作的许多消极面;而《愿意当幼儿教师的 N 条理由》则以一种积极的思维方式来看待幼儿教育工作的方方面面，因此发现了幼儿教育工作的魅力。

当前许多幼儿教师对工作有说不完的怨言，但也有许多幼儿教师能从工作中感受到快乐和幸福。现实中，没有哪一项工作是十全十美的，好风景永远是在山的那一边。任何一项工作从事久了，都会生出倦怠感，我们应当正视现实，改变自己的思维方式和工作方式，多看到工作中积极的一面，尽情享受幼儿教育工作给我们带来的快乐。

三、做个高效率的幼儿教师

做个高效率的幼儿教师，意味着你的付出不多，而幼儿却获得了很好的发展，这样对工作既有胜任感，又有轻松感，更能体验到幼儿教育工作的幸福与快乐。

（一）做个会"偷懒"的幼儿教师

为了提高教育工作的效率，我们要学会做个会"偷懒"的教师——自己"偷懒"，幼儿又能获得很好的发展。

1. 不做无用功

如果幼儿教师想要"偷懒"，那么，"让自己的每一分付出都不会白费"是一个好策略。这要求我们要做得有效，即你所做的每一个准备、你所组织的每一次活动、你对孩子说的每一句话都是有用的——对幼儿的发展有用。我们要把"说出来也没用，做完了跟没做一样，准备了也白准备"的无用功全部丢弃，这是"偷懒"的第一步。为了走好第一步，在做之前仔细想想："这样做有用吗？会达到预想的目的吗？"如果不能，还不如省省，不要做了！

以对幼儿发展有用为标准，把那些对幼儿发展无用的工作全部丢开，这样会让我们省掉许多无用功——

"无用的教育活动"不开展,

"无用的环境"不布置,

"无用的话"不说,

"无用的教玩具"不制作,

"无用的常规"不制定,

"无用的观察和记录"不要做,

"无用的论文"不要写,

"无用的亲子活动"不要组织……

这样,我们可以省下许多人力、物力和财力。

2. 让家长配合做好孩子生活自理能力的培养

由于在家总是家长喂饭,都是中班小朋友了,还不愿自己吃饭,看到老师盛饭就哭;吃香蕉怕弄脏手,让老师给拿着吃,不然就不吃;衣服不会穿,上下里外分不清……如此缺乏生活自理能力的孩子多了,会让幼儿教师忙不过来。

因此,幼儿教师必须动员和指导家长加强对孩子吃、喝、拉、撒、穿脱衣服、洗手、刷牙等生活自理技能的训练,家长对孩子一对一的训练会比幼儿教师一个个地对幼儿进行训练更容易取得理想的效果。孩子们的生活自理能力提高了,教师就可以省去保育方面的许多工作。

3. 关照幼儿的兴趣和需要

【案例】 令人纠结的环保教育活动

宋老师给小朋友讲故事《哭泣的小河》,呼吁大家树立环保意识。

宋老师说:"原本清澈的小河变得黑乎乎的,而且充满着臭气,小河伤心地哭了起来……"

没讲多久，小朋友们在下面开始交头接耳地说话。

宋老师十分不悦地说："请安静！"

小朋友们随声附和道："我安静！"

可是小朋友们还是管不住自己，课堂上一片喧闹。

宋老师提高了声调："小朋友们，请安静！"大家稍微安静了一些。

宋老师又开始讲："小河哭了起来……"宋老师才讲了一句，小朋友们又开始说话。

宋老师十分生气地说："请你跟我拍拍手！"

部分幼儿嘴上附和："我跟老师拍拍手！"只有一小部分幼儿跟教师拍起手来。小朋友们静不下来，没办法，宋老师只好宣布下课。

在上述教育活动中，尽管宋老师反复整顿纪律，但幼儿还是一直进入不了学习状态，主要原因是宋老师组织的活动从内容到形式都不符合幼儿的兴趣和需要。

因此，教师要研究幼儿的兴趣和需要，并以此来设计与组织幼儿教育活动。

（1）了解不同年龄幼儿的兴趣特点。小班幼儿喜欢模仿，喜欢多次重复的活动，中大班幼儿玩两三次可能就会厌烦；中班幼儿喜欢有情节、互动性强的活动；大班幼儿喜欢富有挑战性的活动——有挑战、有竞争的活动，他们才觉得好玩。

教师要根据不同年龄幼儿的兴趣特点来设计和组织各项教育活动，幼儿对活动有了兴趣，才会乐于投入，教师的教也才会轻松。

（2）让幼儿对教育活动感兴趣的策略。

①教育活动游戏化。幼儿是喜欢游戏的，游戏应该是幼儿在园的基本活动形式，当然也是教育活动的基本形式。教育活动游戏化，能够让幼儿在没

有"被教育"的感觉下不知不觉地获得经验和发展。比如，一位教师在教幼儿认识球体时，没有设计讲授环节，而是将活动室布置成一个游戏厅：幼儿有夹玻璃珠的，有吹泡泡的，有打保龄球的，有玩滚球的，有拍皮球的，还有玩海洋球的，在玩的过程中，教师没有一句讲授，却使幼儿充分感知了球体的外形特征和特性。在认识"上下、前后"的课程中，有一位教师设计了"捉迷藏"、"逛公园"的游戏，让幼儿在不同的地方找到其他小朋友和小动物，并能完整地讲出："我在树上找到小松鼠"，"小猫藏在桌子下"，"小兔躲在树丛后面"等。

②教育活动要让幼儿"动"起来。幼儿是好动的，他们只有通过自身的活动才能获得相应的经验和发展。因此，幼儿教师设计和组织教育活动要想办法让幼儿的身心都动起来，以更加有效地促进幼儿的发展。比如，在认识水的特性的活动中，教师不是给幼儿讲授水的特性，而是让幼儿在玩耍中发现水的特性：在玩耍中发现漏斗、有眼的小瓶都盛不住水，由此幼儿认识到"水会流动"；小手放在盆底看得清清楚楚的，由此幼儿认识到"水是无色透明的"；用各种形状的小玩具将水倒来倒去，由此幼儿认识到"水没有一定的形状"；玩耍中幼儿发现有的小玩具在水里像船一样漂浮，可有的小玩具一放到水里就沉底，由此幼儿获得了物体沉浮的经验。在活动中没有老师的任何讲解，幼儿就自然而然地认识了水的特性，并且自始至终兴致盎然。

③教育活动要让每个幼儿都有成功感。有位学者说：判断一所学校是否成功，要看其学生在学习过程中是否经常体验到成功。我完全同意这样的观点。判断幼儿教育活动是否成功，关键也是要看其能否让每个幼儿都体会到成功。经常让幼儿体会到成功，不仅有利于培养幼儿的自信心，而且有利于培养幼儿对教育活动的兴趣。比如，我在某幼儿园看到该园的孩子们经常在自由活动时去参加跳远活动，原因在于操场上画有两根令孩子们着迷的线（见下页图）：一根是直线——限定幼儿起跳点的线；一根是波浪线——幼儿根据

自己的能力预定自己的跳越点的线。小班、中班、大班幼儿，能力强、能力弱的幼儿都在这两根线之间找适合自己的位置——不断地接受挑战——这个地方跳过去了，那个离得远一些的地方能不能跳过去呢？这两根线让教师得以在户外跳远活动中省时省力地进行观察指导，而且三年的跳远活动都可以在这里进行。

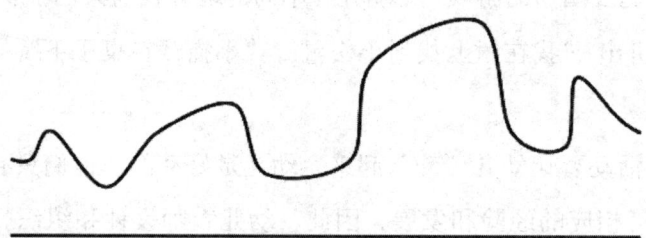

幼儿在两根线之间接受新的挑战，不断地获得成功，不断地得到发展。

④提供适宜的材料，让幼儿去操作。有什么样的材料，幼儿就有什么样的活动；有什么样的活动，幼儿就有什么样的发展。没有活动材料，幼儿就没有活动、没有发展。因此，幼儿教师要尽可能地让孩子手上有操作材料。

手上有适宜的操作材料，幼儿就会专注于材料的操作活动，就不会出现"违纪问题"，教师就可以轻松自如地应对教育活动中的一切。

操作材料是一种可以超越经济条件的因素，只要具备适当的操作难度，能满足高中低三种不同能力层次的幼儿挑战自我的需要，并且能够让幼儿有操作的欲望，就是适宜的操作材料。

⑤教师要以浓厚的热情和兴趣去感染幼儿。研究表明，幼儿对某项教育活动的热情和兴趣与教师对该教育活动的热情和兴趣成正比。如果教师对教育活动没精打采，没有一点热情，幼儿对该活动的热情也不会被点燃。因此，教师要以极大的热情和童心去感染幼儿，让他们对教育活动充满热情和兴趣。

⑥适时根据幼儿的兴趣改变教育活动计划。幼儿的需要、兴趣有即时即景性，因此，幼儿教师要及时利用幼儿即时即景产生的有教育价值的需要和兴趣开展相应的教育活动，这样可以减少教育活动中的阻力。

【案例】 活动中来了只蝴蝶

某天早上，老师正在户外组织科学活动《春季》，忽然一只蝴蝶飞了过来，孩子们的视线一下子都转移了过去："快看小蝴蝶，多漂亮，多好看……"他们喊着，追着，兴奋地拍着手，于是，老师就把这次活动变成了观察蝴蝶的活动。

按照传统教学活动思路，这时要把幼儿的注意力从蝴蝶身上拽回来，以便完成既定的教学活动计划，可是，与原先的教学活动计划相比，幼儿对蝴蝶的浓厚兴趣才是更重要的，老师对原活动计划的放弃，是为了顺应幼儿的兴趣，满足和保护他们的好奇心和探索欲望。顺应幼儿有价值的即时即景的需要和兴趣，不仅对幼儿的发展有意义，而且可以降低教师组织教育活动的难度。

4. 管住自己的嘴巴，让幼儿去说

前些天在网上看到了一位法国教育家的"奇谈怪论"：21世纪最困难也最有价值的事是——让教师闭上嘴！

这使我想起了我们许多幼儿教师常发的牢骚："我今天累死了，口干舌燥……"我还注意到，开学不到两周，许多幼儿教师的嗓子全沙哑了——这都是因为相对来说幼儿教师说得太多了，而幼儿说得太少了。

幼儿教师不是"讲"师。幼儿园早已将"教室"改称为"活动室"了，它是幼儿活动的地方，不是幼儿教师讲课的地方；它是幼儿教师组织幼儿参与各种教育活动的地方，而不是做报告的地方。谁让我们去讲课呢？！幼儿只

有在自己的活动过程中才能获得发展，讲授式的教育对幼儿而言几乎是无效的教育。当你发现自己得了教师职业病——经常嗓子沙哑时，不妨换一种方式，尝试着闭上自己的嘴——这样会让幼儿有更多的自由自主活动的机会，有更多面对真实困难甚至困境的机会，并因此而获得更好的发展。

所以我们主张：闭嘴！让孩子们说去，让孩子们活动去！

5. 能让幼儿自己做的，就让幼儿自己去做

"老师，帮我穿一下衣服行吗？""老师，帮我扣钮扣。""老师，帮我……"

每天上、下午放学前一段时间，总有一大群孩子围在身边，让我帮助他们做这些生活自理方面的事情。说实话，有的时候真的感觉有点烦……

一天下午，带幼儿进行户外游戏时，我的胳膊不小心扭了一下，一时间动都不能动了。下午放学前，孩子们仍像往常一样围在我身边，要我帮助做这做那的，但有几个孩子看到我的胳膊不能动，就懂事地自己穿起了衣服，虽然他们的衣服钮扣扣错了，但毕竟是他们自己穿的。有几个小朋友的确不会自己穿，于是，我叫能力强的孩子帮助能力弱的孩子，然后告诉家长回家帮助他们练习。

经过这件小事，长时间困扰着我的孩子们生活自理能力差的问题终于得到了解决。这给了我一个启示："偷懒"是促使幼儿成长的一个重要手段。

【改编自：郭雯.老师偶尔"偷懒"并不一定是坏事 [OL]. 2012–02–29. http://www.baby611.com/jiaoan/yjzl/jysb/201202/2981966.html.】

确实是这样，在某些方面我们"偷懒"了，反而会给幼儿提供自我成长的机会，而过分周到的照顾则会成为幼儿成长的障碍，因为在教师辛苦付出的同时，幼儿却失去了活动和发展的机会。

因此，在教会幼儿生活自理技能的基础上，我们还应该教幼儿学会收拾碗筷、玩具、图书，学会擦饭桌，学会扫地……让幼儿学会做更多的事情，

并且利用一切机会让幼儿做这些力所能及的事情，让幼儿在我们"偷懒"的过程中获得更好的发展。

6. 幼儿能自己解决的问题，让他自己去解决

由于现在在园的幼儿多是独生子女，所以在日常生活中幼儿之间发生冲突是常事。如果这些冲突全由教师去处理，而不是由幼儿自己去处理，那么教师每天都将处在疲于灭火的状态之中。因此，教师要教会幼儿自己处理与同伴之间的冲突——让幼儿学会在相互妥协、互惠互利、公平公正的原则下用讨论、商量的方式解决问题。

"偷懒"对幼儿成长有利，同时还可以减轻我们的工作负担，何乐而不为呢？！

（二）建立科学合理的常规

幼儿园常规是指幼儿园日常生活和活动的规则，具体是指幼儿园对于幼儿什么时候应进行什么活动、活动中应遵守什么要求、哪些事情应该做、哪些事情不应该做、活动要采取什么方式等方面的要求。从幼儿入园之初就逐渐建立起科学合理的日常生活和活动常规，对保证各种活动的正常运转、幼儿的成长和减少各种活动过程中的管理成本都有很大的帮助。

1. 让幼儿明确各种活动的常规要求

要在班里建立常规，首先要让幼儿了解各项活动中所需要遵守的常规。下面向大家介绍一些幼儿园生活和活动的常规：

★进餐常规
- 进餐前要洗手。
- 每天的饭菜要吃完，不挑食。
- 吃饭时手扶碗、椅子向前靠、背挺直、小脚并拢。
- 吃饭时保持安静。

- 保持餐桌和地上干净。
- 吃完点心和午餐用毛巾擦嘴，午餐后要漱口，漱口时不推挤他人。

★上课常规

- 上课时坐姿端正，两脚并拢、眼睛看老师、手放在膝盖上。
- 上课时能安静地听同伴发言。
- 上课时能安静地听教师讲话。
- 上课发言要先举手。
- 上课时不随便与同伴交谈。
- 上课时不做小动作。

★午睡常规

- 午睡前后自己脱穿衣服、正确叠被。
- 午睡前把脱掉的衣服和鞋子放在正确的位置。
- 迅速安静地入睡，不玩头发和衣服。
- 午睡期间不发怪声影响别人睡觉。

★如厕常规

- 大小便时要排队，不推挤他人。
- 大小便后要洗手。
- 小便动作迅速，不逗留说话。

★游戏与自由活动常规

- 爱护玩具，不和同伴争抢。
- 在室内自由活动时不大声喧哗。
- 和同伴友好相处，不侵犯他人。
- 排队时两两牵手，不喧哗和推挤。
- 在户外活动时不随意乱跑到别的区域。
- 进入脱鞋区域前将鞋摆放整齐。

- 听到信号或指令后要将玩具物归原处。
- 流汗时会报告老师要脱衣服。
- 活动时听指令迅速行动。
- 游戏时不独占玩具。
- 游戏时不乱丢玩具。
- 游戏后把玩具放回原处。
- 游戏、活动时不大声乱叫,不影响别人。
- 在场地活动时不乱窜乱跑。
- 离开活动场所时能报告老师。
- 游戏时听到信号,能及时结束游戏。

★洗手常规

- 洗手前挽袖,洗手后手上的水落在水池里,然后用毛巾擦干手。
- 洗好手后不玩水。
- 洗好手后及时回到活动室。

★其他常规

- 将垃圾自觉丢进垃圾桶。
- 走路时不推人。
- 排队时不推推拉拉影响队伍。
- 不在过道里追逐打闹。

2. 善用信号

幼儿教师可以通过训练,让幼儿将某种信号与相应的常规要求建立起联系,这样可以提高活动组织的效率。下面向大家介绍一些当前幼儿园较流行的信号系统,大家可以根据本班的情况参考使用。

★上课前喊的安静口令

▲教师:一二三!

△幼儿：坐坐好！

▲教师：四五六！

△幼儿：看老师！

▲教师：七八九！

△幼儿：没声音！

★上课时

▲教师先发出口令："小朋友们，请—坐—好。"

△幼儿齐声回答："坐—好—了！"

▲教师先发出口令："请坐好！"

△幼儿齐声回答："我坐好！"

▲教师先发出口令："请安静！"

△幼儿齐声回答："我安静！"

▲教师：一二三！

△幼儿：坐坐好！

▲教师：谁的小手放得好？

△幼儿：我的小手放得好！

▲教师：谁的小脚放得好？

△幼儿：我的小脚放得好！

▲教师：谁的小嘴闭得牢？

△幼儿：我的小嘴闭得牢！

▲教师：三二一！

△幼儿：请安静！

▲教师：一、二——三！

△幼儿：我坐好！

▲教师：七、八——九！

第二章 基于幸福快乐的幼儿教育工作

△幼儿：我闭口！

▲教师：四、五——七！

△幼儿：我休息！（孩子们说完趴在桌子上休息。）

▲教师：谁安静？

△幼儿：我安静！

▲教师：谁听话？

△幼儿：我听话！

▲教师：眼睛向前看！

△幼儿：嘴巴闭起来！（我们要上课了）

▲教师：请你跟我这样做！（拍两下手）

△幼儿：我就像你这样做！（拍两下手）

▲教师：请你跟我这样做！（跺两下脚）

△幼儿：我就像你这样做！（跺两下脚）

▲教师弹琴：135——531——

△幼儿：老师我们坐好了。

▲教师弹琴：1351（后一个1为高音）

△幼儿：起立。

▲教师弹琴：1531（后一个1为低音）

△幼儿：坐下。

▲教师弹琴：135 135 135 135 135

△幼儿寻找自己的位子坐好。

★排队时

▲教师：小腰！

△幼儿：挺直！

▲教师：立正！

△幼儿：一二！（一边大声地说，一边立正）

▲教师：小手！

△幼儿：背后！

▲教师：小嘴巴！

△幼儿：闭上！

▲教师：小小手！

△幼儿：摆摆动！（一边大声说，一边摆手）

▲教师：小小脚！

△幼儿：踏起来！（一边大声说，一边踏步）

▲教师：小胸脯！

△幼儿：挺起来！（一边大声说，一边挺起胸脯）

▲教师：走走走！

△幼儿：跟着老师走！（一边大声说，一边跟着老师走）

如此反复训练，这些信号系统就会成为幼儿生活中的一部分，教师在必要时使用就能起到高效地组织幼儿生活和活动的效果。

（三）善用标识

利用适当的标识，可以减少幼儿园各项活动中的组织环节。如，在区域外面贴上一些小脚印，如果小脚印上全摆满了鞋子，就表示不能再进入；也可用进区卡，一个孩子发一张进区卡，如果这个区只能进5个孩子，就只有5个袋子插进区卡，如果5个袋子都插满了进区卡，后来的孩子就不能进去了。又如，通过在过道上印不同走向的脚印，让幼儿明白靠右边走；站在脚印上排队取水等。有了这些标识的指导，即使不用教师组织，幼儿也会有序地参与相关活动。

（四）用行动来示范比用嘴说更有效

有一位幼儿教师给我讲了这样一件事。在她的班里，有一个女孩长得很不好看，小朋友们不喜欢亲近她，也不愿和她一起玩。教师注意到了这种现象，并曾经在班里讲了好几次，号召小朋友们和那个小女孩一起玩，但效果不明显。但有一天，教师偶然在组织游戏时，站在这个女孩旁边，拉着她的手和小朋友们一起做游戏。第二天那个女孩的妈妈送孩子入园时，过来对教师说："老师谢谢您！谢谢您对我孩子的关心！"教师被感谢得莫名其妙，不知女孩的妈妈为什么要感谢自己。一问才知道，原来昨晚女孩回家后非常高兴地对妈妈说："妈妈，老师可喜欢我了，她今天拉了我的手。"小女孩对教师拉了她的手这一行为反应如此强烈，真是大大出乎教师的意料，然而更出乎她意料的是：从此，其他幼儿也改变了对这个女孩的态度，他们纷纷模仿教师的行为，主动去跟这个女孩交往和做游戏。

又如，老师想教育刚来幼儿园的幼儿餐前去洗手，不必不断地对幼儿说"请你去洗手，洗了手才能吃饭，不洗手就不能吃饭"，更不必一个一个地拉着幼儿去洗手，只要把自己的袖子卷起来笑咪咪地对他们说"把手洗干净吧"，然后去洗手间，幼儿就会跟着你去洗手了。

收拾玩具也是如此，老师希望幼儿玩过玩具后收好玩具，就要以身作则，主动来收拾玩具，而不是嘴里说"小朋友们玩过玩具后要记得收好玩具"，"要爱护玩具哦"，"不收玩具不乖哦"。

确实是这样，许多时候，幼儿不是听老师说什么，然后就去做什么，而是看见老师做什么，他们就跟着去做什么。"做"比"说"更有号召力。

四、形成快乐工作的意识和能力

幼儿园教育活动,不仅是促进幼儿发展的活动,也应该是能给教师和幼儿带来快乐的娱乐活动。因此,幼儿教师要有追求快乐的意识和能力,努力让各种教育活动既具有教育性,又具有娱乐性,这样既有利于幼儿的健康发展,又有利于教师自己体验到工作的快乐和幸福。

(一)上班=游戏

对于幼儿教师而言,应该把工作定位为和幼儿玩耍、游戏,幼儿教师与幼儿的关系是大孩子和小孩子的关系,而不是冷冰冰的教育者与被教育者的关系。

因此,幼儿教师要努力让各种教育活动游戏化,同时,自己也要有游戏的心态,快乐地与幼儿一起玩耍,一起"疯"。"疯"的状态肯定是快乐和幸福的。

(二)让幼儿因我们的到来而变得更加快乐

教师要以积极的情绪感染幼儿。调查发现,当某些老师出现时幼儿欢欣雀跃,而另外一些老师出现时,孩子则鸦雀无声、表情沉郁,原因在于第一种老师是热情快乐的,而第二种老师则是沉闷压抑的。幼儿的情绪易被感染,因此,在师幼互动中,幼儿教师要以积极的情绪去感染幼儿,努力创造一个快乐的心理氛围。

不吝啬自己的赞美,让幼儿知道我们对他们的喜欢和爱。有时仅仅是一个赞许的眼神、一个亲切的抚摩、一句很平常的问候,甚至是请幼儿做一件事,都会让幼儿充满快乐。

孩子们开心，我们当然也快乐！

（三）把工作中的快乐与人分享

每天都将工作中发现的快乐与同事、朋友、家人、家长分享，这种发现快乐与分享快乐的意识和习惯会让我们更多地看到工作中的快乐而不是纠结。

经常发现快乐、传播快乐、分享快乐，周围的人会因为你而快乐，你也会因此而成为一个更加快乐的人。

（四）以积极的心态接受工作的全部

请停止抱怨，坦然地接受幼儿教育工作的全部——除了益处和快乐，还有艰辛和忍耐。

只想接受幼儿教育工作的益处和快乐的教师，是不负责任的教师。他们在喋喋不休的抱怨中，在不情不愿的将就中完成幼儿教育工作，必然享受不到幼儿教育工作的快乐。

请记住：丰厚的回报和巨大的成就感是需要付出辛劳、战胜困难才能得到的。

（五）把工作看成是自我满足

为了自我满足而工作是一种乐趣。一位产科大夫似乎心情特别愉快，因为他刚刚接生了第 100 名婴儿；一名足球运动员也因他踢进第 15 个球而欣喜若狂，现在他又为自己能踢进第 16 个球而兴高采烈地开始了新的训练。

我们幼儿教师应该为我们组织好了第 100 次教育活动而感到欣慰，进而又兴高采烈地为组织好第 101 次教育活动而努力准备！

(六)发现每天工作中的"新"

每天发现教育工作中的新问题,并想办法去解决这些问题,可以提高我们的专业能力;每天发现幼儿新的亮点,并满怀喜悦地去欣赏它,可以丰富我们生命的色彩;对于同一教育内容,我们如果能以发现的眼光去看它,就会常教常新。例如,《布娃娃之歌》这首儿童歌曲的歌词是这样的:"布娃娃,大眼睛,小嘴巴,真漂亮,真可爱。"有位教师在备课时提出了疑问:为什么只有大眼睛、小嘴巴的布娃娃才漂亮可爱?难道小眼睛、大嘴巴的布娃娃就不漂亮可爱吗?为了防止幼儿幼小的心灵受到创伤、产生自卑感,使每个幼儿都拥有一份自信,教师在教唱这首儿歌时,引导幼儿一边照镜子观看自己的眼睛和嘴巴,一边对歌词进行修改,结果改编出近40个版本。

每天都有新发现,每天都有新收获,工作当然会其乐无穷。

(七)对工作心怀感激

感恩的心态可以改变一个人的一生。当我们清楚地意识到自己无任何权力要求别人时,就会对得到的点滴关怀或任何工作机遇都怀有强烈的感恩之情。因为要回报这个美好的世界,我们会竭力做好手中的工作,努力与周围的人快乐相处。结果,我们不仅工作得更加愉快,所获帮助也更多,工作也更出色。

时常怀有感恩的心情,你会变得更谦和、可敬且高尚。让我们每天都用几分钟时间,为自己有幸拥有眼前的这份幼儿教育工作而感恩,为自己拥有这么好的同事而感恩,为自己能拥有这么好的家长和孩子而感恩,为自己能进入这样一家幼儿园工作而感恩。所有的事情都是相对的,不论你遭遇多么恶劣的情况,都要心怀感激之情。

感激能带来更多值得感激的事情。请相信,努力工作一定会带来更多、更好的工作机会和成功机会。除此之外,对于个人来说,感恩是一种深刻的感受,能够增强个人的魅力,开启神奇力量之门,发掘出无穷的潜能。

  感激幼儿园工作让我们获得专业的成长;感激同事帮助我们获得成功;感激家长的配合与支持;感激同事之间的竞争,它让我们在专业上更快地进步;感激家人对我们工作的支持;感激我们自己,因为我们自己富有感恩之心,能够成为快乐的幼儿教育工作者。

本章参考文献

[1] 蔡伟忠. 跳出传统思维的幼儿园教师实用手册 [M]. 北京:农村读物出版社,2010:35.

[2] 傅芳芳. 幼儿园班级常规教育研究:以上海市郊区某幼儿园为例 [D]. 上海:上海师范大学,2011:17-18.

[3] 高德胜. 生活德育论 [M]. 北京:人民出版社,2005:20.

[4] 王喜海. 论回归童年的儿童教育 [D]. 南京:南京师范大学,2008:81.

第三章 基于快乐的师幼互动关系的建构

师幼关系是幼儿教师在幼儿园里的主要人际关系。正确认识和建构良好的师幼关系、有效地促进幼儿的发展，会让幼儿教师的关爱需要、交往需要、尊重需要、成就需要、自我实现需要等获得满足，进而体验到职业的幸福和快乐。

一、师幼互动中的快乐与不快乐

为了能够更好地从师幼互动中获得快乐，我们有必要了解师幼互动中幼儿教师的快乐表现在哪里，其中的影响因素又有哪些，这样更加有利于我们有效地追求师幼互动中的快乐。

（一）师幼互动中的快乐

调查发现，幼儿教师在师幼互动中的快乐主要来自以下七个方面：

1. 幼儿快乐，我快乐

幼儿快乐往往也会感染到幼儿教师，令其心情愉悦。在调查问卷中幼儿教师们给出了下面的答案：

"孩子们带着灿烂的笑脸甜甜地说：'老师，我喜欢你。'"

"每天能看到孩子们灿烂的笑容是最让我高兴的事情。"

"孩子和我分享他的快乐，是我最高兴的事情。"

"在孩子们开心地玩的时候，他们的动作、语言都使我感到高兴。比如，班上有个孩子总是爱对大家讲他所经历过的事，讲得活灵活现的，大家听得认真、开心。"

"当我遇到不顺心的事，心里郁闷时，我会和孩子们一起玩游戏，在孩子们的欢声笑语中，我所有的不快乐全被抛到九霄云外。"

"在一次趣事共享活动中，5岁的乐乐讲了一个笑话——苍蝇一家人在垃圾堆上吃东西，小苍蝇问道：'爸爸，为什么我们每天都要吃这么臭的垃圾？'苍蝇爸爸很生气，回答说：'吃饭的时候不许说这么恶心的话！'——这一幽默故事令我长笑不止，每每想起都乐在心中。"

2. 幼儿喜爱、依恋、惦念我，我快乐

获得幼儿的喜爱、被幼儿依恋和惦念往往也会给幼儿教师带来极大的愉悦体验。比如，在调查问卷中幼儿教师们给出如下的答案：

"家长送孩子来园时说，他的孩子在家里说很喜欢我。"

"孩子的拥抱是让我最开心的事情。当你每天面对繁忙而又琐碎的工作时，累了停下来面对孩子们，他们露出天真灿烂的笑容，轻轻地抱着你说'老师，我爱你'，那是多么幸福的一刻啊！获得孩子们的喜爱是我工作的最大欣慰。"

"有一次和孩子们聊天，说到上小学的事情，一个小朋友就哭了。我问他怎么啦，他告诉我：'我上小学了是不是就不能和老师在一起啦？是不是就见不到老师啦？'呵呵，听到他的话，我的心里甜滋滋的。孩子们这样喜欢我，使我更爱自己的工作。"

"平时休息、做游戏时，孩子们跑到我身边抱抱我，亲亲我，说喜欢我，这是我最高兴的事。"

"一次我生病了几天没上班，回班上的第一天早上，全班小朋友都奔跑着围过来，叫着、喊着：'老师，你去哪儿了？我们好想你呀。'看着孩子们稚嫩的小脸，我何尝又不想他们呢？！"

"有一次我外出参加培训一个星期，学习回来后我去上班，一大早我在教室门口等小朋友，很多孩子见了我都问同一个问题：'老师，上周你去哪儿了？是不是生病了？好久没见你了，我很想你呢！'孩子们那关切的话语听得我心里暖暖的，那时我心里别提有多高兴了。"

"有一次去学习，很多天都没见到孩子们。当我回到班上，孩子们都跑到我身旁抱着我，我听到很多的声音在说：'老师我想你！'那一刻我真的很高兴，而且我感到眼中有一股热泉要涌出，但是我忍住了，那是高兴、感动时最真实的表现，我只跟孩子们说了一句：'我也很想你们。'"

"开学了，报名注册的第一天，班里一位小男孩和他妈妈来报名，远远看见我就跑过来，说：'老师，明天可以来幼儿园了吗？我好想来幼儿园哦！我想老师了。'听到这话，我的心情很不错哦！"

"每天早上来到班上，孩子们会很幸福、很高兴地来跟我问好，有的小朋友喜欢抱抱我，我觉得这就是作为幼儿老师最大的幸福。"

"当孩子毕业时，他们会抱着我们合影，甚至还会很懂事地说：'老师，我一定会回来看你们的，我一有空就来看你们。'这些事情让我很高兴、很欣慰、很感动。"

3. 得到幼儿的关心、体谅，我快乐

得到幼儿的关心、谅解，会让幼儿教师有一种劳动付出获得回报的愉悦体验。在调查问卷中有的教师讲述了令人感动的点滴小事：

"有一天上班，我整个人特别疲惫，没有一点精神。所以那天的情绪也特别不好，孩子们似乎也感觉到了，有几个女孩还跑过来帮我捶背。那天上课孩子们也很认真，连平时爱调皮的几个捣蛋鬼也很安静。孩子们好像一下子都长大了,让我感到特别欣慰。"

"当我心情不好时,孩子们看到了、感受到了,会悄悄地过来给我一个温暖的拥抱,会问'老师你怎么啦'。"

"有一次我正上着课,忽然打了一个喷嚏,马上有一个小朋友说:'老师感冒了,明天我拿感冒药来给你吃。'听后我觉得很温暖。"

"有一天上午,在教室里我的手过敏了,准备用药来擦时,被一个小朋友看见了,他跑过来问我:'老师,老师,你在做什么?'我对他说:'老师的手过敏了,在擦药呀。'他就说:'喔!过敏呀,那你用我妈妈今早拿来给我擦的药来擦吧,那些药就是治过敏的。'听到一个小班幼儿说出的这些话,我的心里非常高兴。"

"每每做环境布置,难免会攀高挂装饰品。有的小朋友会小心地走过来,大声地说:'老师,小心一点。注意安全!'这时,即使再累,我也觉得很欣慰,很有成就感。"

"户外活动后,孩子主动给我搬来椅子说:'老师你坐。'听后一股幸福感涌上心头。"

"有一次户外活动后,一个孩子给我递上水杯说:'老师,你喝水。'我很高兴,也感到很幸福。"

"我忙碌一天后,有的孩子会十分体贴地说:'老师您辛苦了!'听到这样的话语,老师再苦再累也值得。"

4. 幼儿天真、单纯,我快乐

幼儿的天真、单纯,是净化成人心灵的一剂良药。许多老师都觉得工作时面对单纯的小朋友,不存在钩心斗角,因此心情比较放松。比如,在调查问卷中幼儿教师们有如下的表述:

"孩子们都是那么的天真可爱,没有什么事情让我不高兴。"

"有一天我心情不好,有一位小朋友看出来了,然后对我说:'我妈妈难过的时候也会不高兴，可是我在她面前做个鬼脸，她就笑了，我也给老师做个鬼脸吧！'看到孩子们天真的笑脸，我也笑了。"

"有一次我批评孩子时，突然孩子们说'老师不要生气，先喝杯水，休息一下'，顿时让我哭笑不得，他们真的很可爱，感动到我内心里去了。"

"有一天，我很早就来园，刚开门进来，就有一个家长送孩子来了。家长赶时间去上班，所以提前把孩子送来了，我跟孩子打招呼：'早上好！小朋友。'他便回答道：'老师，今天你最乖，第一个来到幼儿园。'我开心地笑了，平时都是我们夸小朋友乖，今天让小朋友夸我'乖'，我觉得他既可爱又纯真。"

"在一次学雷锋的教育活动中，我向孩子们讲了有关雷锋的故事后，有个孩子就对妈妈说：'妈妈，为什么没有老奶奶摔倒呀？如果有的话，我一定去扶她起来。'我听后开心地笑了。"

5. 幼儿赞美、肯定我，我快乐

幼儿的赞美与肯定，令幼儿教师自我感觉良好，心情舒畅。在调查问卷中有的教师给出了如下的答案：

"最让我高兴的是孩子带着仰慕的眼光对我说：'老师，你真好，我喜欢你。'"

"最让我高兴的是孩子带着仰慕的眼光对我说：'老师，你好漂亮啊，我爱你。'"

"孩子在家中与父母谈起老师对他的好，家长见到老师时高兴地反馈，让我心里感到很温暖，感受到个人的价值。"

"得到孩子的赞赏令我高兴，比如，有个孩子对我说：'老师，你好可爱！'"

"最让我高兴的事情是在一次教学活动中，我让幼儿用'说话'来造句时，有个小女孩说：'老师，我最喜欢你的课了，因为你的眼睛会说话。'作为一名教师，被孩子喜欢，看到孩子爱上自己组织的教学活动是最高兴的事。"

"记得上个月的一天，我刚一进教室，就有好几个女孩跑过来围着我转，还笑嘻嘻的。我问她们笑什么,其中有个孩子说:'老师,你的裙子和包包好漂亮。'"

"我跳舞时,孩子们说:'老师,你跳舞很好看。'"

"我唱歌时,孩子们说:'老师,你唱歌很好听。'"

6. 幼儿进步,我快乐

通过教育教学活动,幼儿有明显的进步,让幼儿教师很有成就感,也很自豪,因为幼儿教师工作的主要目的就是促进幼儿的发展。在调查问卷中有的教师给出了以下答案:

"最让我高兴的事情就是,经过一个学期的日常训练孩子们的自理能力有所提高,如在小便、洗手、喝水等方面都自己动手,有礼貌,与同伴友好相处。"

"随着孩子们年龄的增长,我每天都发觉有的孩子能主动帮助老师做些力所能及的事,如用餐后自觉地帮助擦桌子、搬椅子,早上主动帮助老师整理教室,这些只有五六岁的孩子能够做到这些,让我感到很欣慰。"

"排练舞蹈节目时,孩子们从笨拙到灵活,最后能按既定的目标跳出和谐优美的动作,并在比赛中获得奖励,作为老师兼教练的我心中的成就感油然而生。"

"原来午睡起床,总会有一些小朋友拿着衣服大声嚷嚷:'老师,帮我穿一下衣服。'我们手把手地把穿衣的一些方法教给小朋友后,最终'狠心'地放手,让他们尝试着自己穿。现在,每天午睡起来后,都会听见'老师,我会自己穿衣服了'的声音,我真的很欣慰。"

7. 幼儿热情、有礼貌,我快乐

小朋友们热情、有礼貌,会让教师受到感染,快乐的心情油然而生。在调查问卷中幼儿教师们给出了以下答案:

"每天来到学校听到孩子们和自己打招呼,叫声'老师好',在教学活动

第三章 基于快乐的师幼互动关系的建构

中提问时,有很多幼儿积极地举手回答问题,那种欢快的气氛最让我感到高兴。"

"当孩子奶声奶气地对我说'谢谢老师'时,我心中有一种莫名的快乐。"

"孩子每天来园都点头、鞠躬,向我问好,让我觉得很高兴,孩子们真有礼貌!"

(二)在师幼互动中感受到的烦恼

调查发现,幼儿教师在师幼互动中的不愉快主要来自如下四个方面:

1. 幼儿的不良习惯

幼儿入园时带入的一些不良习惯会给教师的工作带来许多麻烦,让教师感到不快。在调查问卷中有的教师给出了以下答案:

"最让我不高兴的是:孩子的自理能力差、学习和生活习惯不好等。例如,某大班孩子已6岁,年龄在班上算较大的,但他还不会穿套头衫,吃饭也喜欢发呆、咬筷子。不管老师怎样耐心引导、鼓励、批评或奖励,他都没有任何进步。"

"有个孩子平时特别调皮,总是管不住自己的小手,喜欢打小伙伴,对此我非常头疼。"

"有的幼儿挑食很严重,父母又不配合教育,这个问题让我很头痛。"

"最让我不高兴的事情是孩子不爱吃饭。记得有一次班上一个小朋友不愿吃午饭,不管我怎么哄、怎么劝,用尽了所有的办法,他就是不愿张开嘴巴吃饭,真拿他没办法,因为孩子们吃完饭后我们还要搞卫生、搬床铺给其他的孩子休息,当时他真的把我给气坏了。"

"我班上有个好动的小男孩,好多次孩子们反映自己的书包被翻过了,后来我注意到,原来是这个小男孩干的。经过多次教育,他还是趁人不注意,又偷偷去翻人家的书包。我跟其家长反映过,家长说孩子在家也是这样,喜欢到处翻东西，没办法。此事令我很伤脑筋。"

"班上有一个小朋友总喜欢把别人的东西据为己有，还会趁老师不注意去翻别的小朋友的书包。别的小朋友向老师告状，他竟然还去打告状的小朋友，老师批评教育他时，他不是两眼狠狠地瞪着你就是在地上打滚，真的让人头痛。"

"总有那么一两个孩子在排队时你推我挤。就这一问题，我们曾进行过语言教育，也进行过行为训练，但并没有什么效果。跟家长反映，家长回答说孩子在家与弟弟总是推来推去的，习惯了。我郁闷呀！"

2. 幼儿重复犯同样的错误

幼儿反复地犯同样的错误，让教师的专业自信心很受打击。在调查问卷中有的教师给出了以下答案：

"最让我不高兴的是孩子没有进步，或者总是犯同样的错误。迄今为止，只要是孩子之间有了矛盾以后，他们不选择商量解决，而选择打架，我都会很生气。"

"有些要求和常规明明已提醒过多次，可有的孩子还是不断地违反。此时只有自己生自己的气了。郁闷啊！"

"一个小朋友上课时爱惹旁边的同伴，教育他，他说知道自己错了，可还是常爱犯同样的错误。我觉得现在教育孩子真的不容易，难教的孩子让我头痛。"

"有的孩子屡教不改，教育许多遍仍不生效，这是常有的事，让人感到郁闷！"

3. 幼儿不听指挥

在各种教育活动中，幼儿自顾自地玩而不听教师的指挥，令教师很有挫败感。在调查问卷中有的教师给出了以下答案：

"孩子们在我上课的时候完全不搭理我，令我很伤心。"

"最让我不高兴的是极个别孩子,你越不让做的事他们越去做。如,发现孩子有不安全行为时,老师提醒他们不要这样做,但孩子因为好奇而趁老师不注意时硬要再次尝试,结果发生了意外事故。"

"最让我不高兴的事情是,平时我上课的时候,总会有一两个孩子在下面做小动作。"

"班上有几个幼儿,在平时的教学活动中,很爱讲小话,上课不专心听讲,无论老师怎么批评或强调,始终不改正,严重影响了课堂秩序。但一到个别发言或小组讨论问题、表演、讲故事等活动环节时,他们从来不参与。这是令我最不高兴的事。"

"孩子当中有几个不听话的,不管你怎样教育他们都不理你。比如,我们班有个孩子最好动,上课时总是走来走去的,说他也不听、叫他也不爱搭理,真是让人头痛。"

"上课不听讲,而且还在下面做恶作剧的孩子,是最让我头疼的。"

"在上课和活动的时候,孩子故意捣蛋不听话,还故意和我对着干的时候,我会不高兴,心里很生气,老想怎么会有这么难教的孩子。"

"在班上有几个孩子比较好动、调皮,无论是开展室内活动,还是在户外活动,都不能按照老师的要求来参与活动,不管老师怎么说、怎么教育,他们就是我行我素。这样的孩子最让老师头痛。"

"孩子们在看书或玩玩具时大声地讲话,提醒了几次还是改不过来,我会不怎么高兴。"

4. 爱得不到认可

教师的爱得不到幼儿的认可,这让教师很伤心。在调查问卷中有的教师给出了以下答案:

"我对他好,但他回家后说老师不喜欢他,这让我很郁闷。"

"孩子无中生有地回去和爸妈说老师对他怎么怎么样,这让我很困惑。"

"上课时,有的孩子故意捣蛋不听话,有的还故意和我对着干,对我从没有表现出喜欢的神情,对此我会不高兴。"

"孩子们没有对我产生认同感,这让我感觉很失败。"

二、基于快乐的师幼互动策略与措施

从上述调查结果中,我们了解到了教师在师幼互动中的快乐与不快乐的表现及原因,我们应该努力挖掘和利用师幼互动中的快乐因素,努力营造积极愉快的师幼互动氛围。

(一)以积极的态度看待幼儿制造的麻烦

问卷调查的结果显示,由于教师从消极的角度看待幼儿制造的麻烦,所以产生了不少的烦恼,但是如果能从积极的角度来看幼儿制造的麻烦,那么,我们的心情会发生根本性的变化,如:"幼儿的笨拙,培养了我们的忍耐";"幼儿的顽劣,锻炼了我们的教育智慧";"幼儿的屡屡犯错,教会了我们从另一个角度反思我们的教育,同时,也锻炼了我们的意志和耐心";"幼儿的粗心,培养了我们的严谨";"幼儿的懒惰,使我们学会以身作则";"幼儿的冷暖,让我们懂得关心"。如此一想,幼儿制造的麻烦就成了我们专业成长的阶梯,因此,我们不仅不应该"恨"幼儿制造的麻烦,而且还要感谢幼儿所制造的麻烦,因为它促进了我们的专业成长。

(二)幼儿教师要有追求快乐的意识和能力

奥修(印度哲学家)曾说过:世间万物都是相互依存的,生命的整体都是相互依存的,你使它快乐,它也使你快乐。确实是这样,在师幼互动的过程中,你让幼儿快乐，幼儿也同样会让你快乐。因此，幼儿教师应该具有让自己快乐和让幼儿快乐的意识与能力。

为了让师幼互动中有更多的快乐，幼儿教师应该注意以下五点：

1. 让微笑成为幼儿教师的一种职业习惯

微笑，表示轻松，表示快乐，表示友善。教师的微笑，不仅可以将积极的情绪传递给幼儿，而且会让教师自己的心情得到改善。因此，快乐应成为幼儿教师职业活动中的主导情绪，微笑应成为教师的一种职业习惯。

建议不擅长微笑的幼儿教师，每天对着镜子练习微笑。如能持之以恒地练习，不出半年，你就会发现自己变成了一个爱笑的、表情轻松的人。

2. 在班级举行一些快乐活动

为了在班级中营造一种快乐气氛，幼儿教师可以有意识地开展一些能直接给大家带来快乐的活动，如"讲讲幼儿园中有趣之事"、"讲讲生活中有趣之事"、"幽默故事我来讲"、"幽默动作我来做"等。经常在这种快乐的活动中熏陶，教师和幼儿就会形成一种发现快乐、制造快乐、享受快乐的意识和能力。

3. 注意快乐资源的积累

为了能给师幼带来更多的快乐，幼儿教师平时要注意进行快乐资源（如儿童幽默故事、快乐游戏、快乐舞蹈、快乐歌曲、快乐表情、快乐肢体语言等）的积累，快乐的资源丰富了，教师就可以随时随地给孩子们带来快乐。下面给大家提供几则幼儿园快乐小游戏，这些游戏简单有趣，不需要什么特殊的材料，随时随地都可以玩，可以让幼儿百玩不厌，其乐无穷。经常玩这类游戏，有利于制造班级愉快气氛，教师和幼儿一起玩，其乐融融。

游戏一 我们都是木娃娃

游戏儿歌

我们都是木娃娃,一不许哭,二不许笑,三不许露出大门牙。

游戏玩法和规则

幼儿齐念儿歌,儿歌念完以后,教师做出各种滑稽的表情或动作,尽量地逗幼儿笑,幼儿坚持10秒不笑者为胜。

游戏二 熊和木头人

游戏玩法和规则

至少3人玩,一人扮"熊",其他人扮"木头人"。"木头人"手拉手边走边念儿歌:"我们都是木头人,不准说话不准动,动了手指就会痛。"念到儿歌的最后一个字时,木头人摆一个动作姿势,并保持不动。"熊"上场,边走边观察,谁动谁就会被"熊"给"吃掉"。

游戏三 种豆豆

游戏儿歌

种豆豆,种豆豆,豆豆熟了我就收。

游戏玩法和规则

幼儿两人一组,一人伸出食指扮种豆人,一人打开手掌扮收豆人。游戏开始,两人共念儿歌,种豆人用食指有节奏地在收豆人手掌上种豆。当儿歌念完以后,收豆人的手掌立刻合上,去抓种豆人的手指,种豆人的手指要赶紧缩回来,如果手指被抓住了,算收豆人赢;如果没有抓住,算种豆人赢。念到"收"的时候,种豆人的手才能收回,收豆人的手才能抓。

游戏四 嘴巴手指不一样

游戏玩法和规则

幼儿和教师一起边拍手边说:"嘴巴手指不一样!"教师任意说一个数字,如"3",幼儿要一边说"3",一边用手做其他数字的动作,即幼儿说出的数字和手指表示的不能一样。如果说的和做的是一样的,就要接受惩罚。

游戏五 说的做的不一样

游戏玩法和规则

幼儿和教师一起边拍手边说:"说的做的不一样!"教师从"左"、"右"、"上"、"下"、"前"、"后"中任意选一字说出,如,幼儿要一边说"左",一边用手指向"非左方向",即幼儿说出的字和手指指的方向不能一样。如果说的和做的是一样的,就要接受惩罚。

游戏六 大风和树叶

游戏玩法和规则

教师扮作大风,幼儿扮作树叶蹲在地上。教师说"起风了",幼儿站起来。教师说"风大了",幼儿快快地跑。教师说"风小了",幼儿慢慢地走。教师说"风停了",幼儿蹲下不动。教师说"龙卷风来了",幼儿原地旋转。

游戏七 跟着铃鼓声走

游戏玩法和规则

铃鼓出声表示走,铃鼓没声表示停。

教师拿铃鼓拍出声音,前几次可边拍边说"走走走走",没声时说"停";熟练后幼儿只听铃鼓声就跟着走。铃鼓声可以变换出大声(重重地走)、小声（轻轻地走）、连续急促声（快跑）。

游戏八　颠颠倒倒

游戏玩法和规则

玩相反口令动作，如：老师说大，幼儿说小；老师说高，幼儿说矮。熟悉后可配合动作，老师说大，幼儿嘴里不仅要说，还要用手比出小。

玩多次后，可以加上大动作：老师说前进，幼儿后退；老师说站起来，幼儿蹲下去。

游戏九　炒米花

玩法和规则

幼儿围成一圈，一边绕圈走，一边念儿歌"炒，炒，炒米花。炒到东门，炒到西角。咕噜咕噜往前滚。炒几碗？"大家推选一人作为回答者，答："炒4碗。"（随意回答3碗、5碗……）然后集体念："炉儿滚得快，米花炒得香。打炮呗？"当念到"打炮呗"时，幼儿按回答者说的数量自由结伴，互相手拉手。

规则：未按给予的数量找到相应人数的同伴，则要退出游戏。

说明：每逢过年过节，在大街小巷里经常会听到做爆米花的小贩的吆喝声，一旦有人要做了，小贩一放下担子，很快就会围上来一群幼儿。幼儿紧盯着不停转动的爆米花机，紧张地等着开炮。随着小贩的一声喊"开炮了！"，幼儿吓得捂着耳朵四处跑。炮响过后，随即飘来阵阵诱人的米花香，这时不管是谁家的米花，幼儿准能分享。这就是炒米花游戏的由来。游戏中幼儿根据所报的数快速分组，可锻炼幼儿的快速反应能力及与同伴合作的技能。

4. 每天以初次约会的精神状态与幼儿见面

有一位学者提出,每天教师都要以参加约会的精神状态与幼儿见面。这一主张很有创意,很有道理,也很有现实意义。

初次约会是一种什么样的精神状态呢?那是一种向往的心情,精神饱满,神采奕奕,容光焕发,积极热情,活泼开朗,充满活力,富有朝气,心里面尽是阳光……

如果教师每天都能以这样的精神状态与幼儿见面,那么,幼儿也很容易受到教师积极情绪的感染,他们也会充满活力、富有朝气、活泼开朗……师幼间积极的情绪相互感染,其乐融融。

5. 和小朋友们一起"疯"

幼儿喜欢那些和他们一起"疯玩"的老师,同时,老师在和孩子们"疯玩"的过程中也获得了快乐和满足。请看一位老师在博客中对其"疯"的描述。

【案例】"疯"一样的师幼生活

说实在的,我和孩子们在一起简直成了个"疯婆子"。而恰恰就在这"疯子"的游戏中,孩子们找到了安全港湾,找到了他们的"同龄人",找到了他们所希望的生活。

记得在开学第一周,我们学习用毛巾的儿歌,我给每个幼儿一块小毛巾,开始了我们的"疯子"游戏。毛巾可以藏猫猫,老师一声"喵呜",小朋友赶快用毛巾将脸遮住。几个来回之后,小朋友已经笑得弯下了腰。还记得我们玩"小演员"的游戏,老师说哭,一会儿大家就哭;老师说大笑,一会儿大家就大笑……结果教室里时而一片"哭"声,时而一片放肆的大笑声,时而又变化为羞涩的微笑。几个来回之后,我和孩子们一起处于"疯"的状态……

"疯"使我和孩子们的距离近了,"疯"可以带给孩子们满足感、安全感,

"疯"可以给孩子们带来一些发泄的机会。我已尝到和孩子们一起"疯"的甜头，我要接着"疯"下去，要"疯"出水平来。

确实是这样，"疯"可以让幼儿得到快乐，也可以让教师得到快乐，"疯"应该成为幼儿教师的一种工作状态。在与幼儿互动的过程中，幼儿教师应该忘掉自己的年龄，忘掉自己的烦恼，放下自己的架子，全身心地与幼儿一起"疯"起来："疯"跑、"疯"笑、"疯"喊、"疯"玩、"疯"闹……

（三）每天回忆并记录师幼互动中最让你感到快乐的两件事情

如此做，有利于你发现师幼互动中的快乐，随着时间的推移、快乐事件的不断积累，你会发现你在与幼儿互动中有无数的快乐，师幼互动是令人向往的活动。另外，如果你能将你所发现的这种师幼互动中的快乐告诉你的同事、朋友、亲人，那么你的快乐将会倍增。

强烈建议：幼儿教师要善于忘记师幼互动中的不愉快，要努力铭记师幼互动中的快乐。

（四）以爱换爱

我们的调查表明，幼儿的喜爱会让教师感受到职业的快乐和幸福。而心理学研究表明：你爱别人，也会赢得别人的爱。因此，作为教育活动主导者的幼儿教师要通过幼儿能理解的方式来表达自己对幼儿的关爱，进而赢得幼儿的喜爱，获得职业生活的快乐和幸福。

1. 时刻都要有关爱的意识

教师要不断反思自己的关爱是否到位，并及时抓住机会向幼儿表达我们的关爱。

● ××小朋友今天生病没有来园，晚上我要给他打个电话。

- 今天还没有和××交流过,我要过去和他说几句话,或者拉拉他的手,或者抱一抱他。
- ××小朋友两天没来幼儿园了,我要打个电话去问候问候他。
- ××小朋友一个星期没来幼儿园了,今晚我要去他家看看他。
- 我昨天好像没和这个小朋友说过话,我现在要过去和他聊几句。

2. 用亲密动作来表达教师对幼儿的关爱

能让幼儿感受到教师关爱的动作有:拍一拍他的肩膀;摸一摸他的额头,抱一抱他;亲一亲他的小脸;摸摸他的小脸蛋;拉拉他的小手;善意地微笑着看幼儿一眼;当幼儿完成一项具有挑战性的任务时,对他竖起大拇指。

每天早晨都要安排一名老师在班级活动室门口微笑着迎接每个幼儿的到来。在迎接幼儿时尽可能高兴地跟每个幼儿说说话,并且配以一些表示关爱的亲密动作,持之以恒定能获得幼儿的喜爱。

3. 用语言表达教师对幼儿的关爱

以下这些语言细节容易让幼儿感受到你对他的爱:

(1) 关心幼儿心情的语言:"××小朋友,今天怎么没有见你笑呀,你是不是有什么不愉快的事情?跟老师说说好吗?""你今天有什么高兴的事?能不能说出来让我听听?""能不能告诉老师,昨天晚上你在家有什么高兴的事情?""你心里很难过,愿意告诉我发生了什么事情吗?""别担心,我来陪你。"

(2) 关心幼儿日常生活的语言:"你喜欢跟班里哪些小朋友一起玩?为什么?""轻轻地吹一吹再喝。""还有时间,慢慢来,今天你真能干,可以自己吃完饭了。""你再试试,将旁边的衣服塞进去,就很整齐了。""要换牙了吗?吃慢点,换个位置嚼可能会舒服些。"

(3) 关心幼儿进步和成长的语言:"做了错事没关系,改正了就是好孩子。""你又改正了一个小缺点,老师真为你高兴。""别着急,你一定能学会的。"

教师对幼儿的爱,每天都有所表示,这种爱的表示明确而坚定,定会让我们在工作中得到爱的回报,定会让我们在爱的氛围里体验到职业的快乐和幸福。

(五)以欣赏的眼光看幼儿

有位哲人讲过:如果你把别人看作魔鬼,那么你会生活在地狱;如果你把别人看作天使,那么,你自己也会生活在天堂中。由此可见,你到底是生活在天堂,还是生活在地狱,完全取决于你自己的一念之间。

因此,幼儿教师应该学会用欣赏的眼光来看幼儿,这样就能体验到职业的快乐和幸福——因为你把幼儿看作天使,天天与天使在一起能不快乐、不幸福吗?

每个孩子总有其可爱的地方。有些孩子你之所以觉得他们不可爱,那是因为你缺乏发现的眼光。最重要的是你要有积极、开放、发现的心态,如果你只有僵化、消极的心态,你当然不会发现孩子的可爱之处。

西方的老师特别注意也特别擅长发现学生的优点。一位女同胞刚出国时,因为语言问题,其宝贝女儿不愿与班里的小朋友交流,总是怯生生的。她告诉妈妈,她不想上学了。可她女儿的老师很快就使形势发生了变化。仅几周的时间,小家伙不仅变得活泼欢快起来,而且非常喜欢到学校去上课。原来,同胞的女儿喜欢画画,老师就把她的画贴到墙上,让小朋友们欣赏,还夸奖她是一个非常聪明的小姑娘;她女儿的英文写得乱七八糟的,这要在国内,根本不可能有好评价,老师非请家长不可。可外国老师挑出那屈指可数的几个"漂亮"的字母,鼓励她说:"瞧,这几个字母写得多好看啊!如果所有字母都能写成这样,那就更好啦!我相信你一定能做到,因为你是一个非常聪明的孩子。"老师的表扬和鼓励，使同胞的女儿树立了自信心，学习上也更加努力了。女儿还告诉妈妈，老师说她很聪明，她会比别的小朋友做得更好。

【晓达．西方教育：玩也是一种学习[J]．21世纪，2002（6）：30.】

教师不是医生，不能总是只看到幼儿的不足与缺陷；教师不是警察，不能总像盯着可疑的人那样，只看幼儿过去的"阴影"。教师应该是寻找宝藏的人，在幼儿心灵的土地上，寻找生命的精神资源，并把这种潜在的资源挖掘出来，变成精神财富。

我们有理由相信，好孩子是夸出来的，而不是批评出来的。因此，教师要形成一种习惯——不断地发现每个幼儿的优点和进步，并且不断地告诉每个幼儿他在什么地方行——哪怕是那些能力稍欠缺或者在品行方面存在某些"问题"的幼儿，教师也要学会用欣赏的眼光去看待他们身上每一个微小的值得赞赏的地方。某幼儿园要求幼儿教师列出自己最不喜欢的五个孩子，并且要求相关教师努力找出他们每个人的十个优点，这样，教师们普遍反映这些平时自己最不喜欢的孩子其实也是很可爱的。

有一位老师说："我见到我班的小朋友，不管他有什么缺点，我都会发现他漂亮的地方。我会说：'宝贝今天的头型真漂亮。'我还会说：'头发竖起来怎么那么俊呢！真酷！'我每天走进班里，孩子们都会围上来说：'张老师，你今天怎么这么漂亮呢！'我会感到很高兴，一天的心情都特别好。我总是努力发现他们的可爱之处，并发自内心地夸他们，他们也会真诚地夸我，这种相互欣赏的氛围真的让人感到愉快和美好。"

（六）以积极的心态应对幼儿犯错误

由于幼儿的能力、经验、意志力有限，幼儿犯错误往往呈现出多发性（什么样的错误都有可能犯，甚至在成人看来一些非常低级的、不可能犯的错误他们也会犯)、常发性（大错误小错误经常犯)、重复性（同一个错误重复地犯）等特点，这就要求幼儿教师要有良好的心态，并以积极的心态来应对幼儿犯错误。

1. 从积极的角度来认识幼儿犯错误

（1）犯错误是幼儿获得进步所必需的阶梯。

（2）幼儿犯错误说明他在尝试做新事情。

（3）幼儿敢犯错误说明他内心比较轻松；相反，幼儿不敢犯错误说明他的心理处于不安状态之中。

（4）幼儿敢在老师面前犯错误说明他与老师的关系比较友好、融洽。

有了上述认识，看到幼儿犯错误时，我们的心态就会比较平和，就不会为幼儿的错误生气，甚至还会创造条件让幼儿去犯他这个年龄段应该犯的错误，进而促进幼儿更快、更好地发展。

2. 要以宽容、仁慈的心态对待幼儿犯错误

由于受"严是爱，宽是害"的传统教育观念影响，许多老师对幼儿要求十分严厉，对幼儿所犯的错误，特别是重复犯的错误往往不能原谅，因此，他们时常对幼儿有一种"恨铁不成钢"的怨气，时不时地会被幼儿所犯的错误激怒，满脑子里都是对幼儿的不满情绪。如此多的"恨"和"怨"，使他们一见到幼儿就来气，和这类幼儿教师交流，总是听到他们有诉不完的苦，他们无法体验到幼儿教育工作的快乐和幸福。

幼儿教师不能原谅幼儿所犯的任何一个错误，这其实是拿幼儿所犯的错误来惩罚自己，这不仅不利于幼儿的健康发展，也不利于教师体验到职业的快乐和幸福。

【案例】 拒绝帮助

一个调皮的幼儿在上英语课时，把自己的衣服从背后扯到头上，盖住了头。当他想把衣服放下来时,却怎么也扯不下来。于是,他向老师求助:"老师,我的衣服盖住头了。"老师见状,不但不帮他把衣服弄下来,反而对他说:"这下扯不下来了吧?其他小朋友都认真听我说话,就你那么调皮,活该!就让它这样吧,我不想帮你!"幼儿听后,边哭边说:"我不调皮了,请老师帮我扯下来!"

可是,老师还是无动于衷……

——摘自一学生的见习日记

教师因幼儿平时表现不好而记恨幼儿,这样的教师在幼儿园里工作也不会快乐,因为他有"恨"在心中,他每天都要面对这些"可恨"的孩子,他是绝对快乐不起来的。

因此,幼儿教师要有一颗宽容、仁慈之心,要心平气和地接受幼儿所犯的种种错误——这不仅仅是为了幼儿的幸福快乐,也是为了幼儿教师自己的幸福快乐。

(七)温暖工作法

如果按照下列提示与幼儿互动,那么,教师就会让幼儿体会到温暖和开心,幼儿开心,教师当然也很开心。

(1)每天都比幼儿早到班级15分钟,微笑着迎接每一个孩子的到来——美好的一天开始啦!

(2)蹲下来和小朋友们说话,让他们从视觉上、心理上都觉得你和他们是同一水平线的!

(3)点头、微笑、拥抱、适时为每个孩子伸出大拇指、亲切地说声"再见"……细微之处的关注,带给孩子和家长的是润物细无声般的温暖。

(4)和小朋友们在一起,他们几岁,你也几岁。

(5) 每天保持充沛的精力,用积极向上的朝气感染小朋友们。

(6) 在班级里开展任何一项活动时,作为老师的我们一定要表现得最为积极、最感兴趣!

(7) 用自己的热情带动小朋友们参与活动的积极性。

(8) 在小朋友们举行比赛时,千万别吝啬你的嗓子,记得要像个孩子似的全身心投入,为他们加油呐喊。

(9) 时不时和小朋友们开开玩笑,像个孩子般地和他们笑闹!

(10) 表扬小朋友时可以尝试用身体的触碰来代替语言的表达,相信你和他的距离会拉得更近。

(11) 和小朋友们一起游戏的时候,佯装弱者,往往更能激发他们做强者的责任感和热情。

(12) 午睡时常帮小朋友们盖盖被子,并轻声告诉他们:"乖,快点睡着,老师喜欢你!"

(13) 如果手头有相机,就不要错过幼儿的精彩瞬间,及时拍下来并上传到网上与孩子及其家长分享。

(14) 饭后一个"小魔术",既能稳定饭已经吃好的幼儿,又能暗示动作慢的幼儿加快速度吃饭。

(15) 幼儿毕竟难以抵挡吃的诱惑,不妨在你的拎包里放些好吃的,以便随时应付突发事件,这样往往会收到奇效。

(16) 自由活动或休息时,和小朋友们唠唠家常,听听他们的小秘密,分享他们的快乐。

(17) 不吝啬自己的拥抱、抚摩,抱一抱、亲一亲班上的每个孩子,甚至轻轻拍一下他们的小屁股,就像对自己的孩子一样。

(18) 有些问题假装自己不懂,向小朋友们讨教,这样你会发现他们的智慧。

(19) 午睡起来给小女孩设计新发型，她们会崇拜你的手巧！

(20) 了解孩子们最喜欢的动画人物，如海绵宝宝等，增加共同的话题。

(21) 把自己家里闲置的小玩意儿作为小礼物奖给幼儿，他们一定把它视作珍宝。

(22) 了解每个孩子的爱好（喜欢的颜色、爱吃的零食、爱玩的玩具），在关键的时候，这就是应对孩子的法宝。

(23) 幼儿最喜欢和老师一起玩游戏，游戏时融入到他们中间，你和幼儿都能体会到更多的快乐！

(24) 遇到困难可以向小朋友求助："谁愿意来帮帮忙？"相信肯定会有许多小手举得高高的！

（八）在师幼互动中多使用文明礼貌用语

在师幼互动中使用文明礼貌用语，有利于创建融洽的师幼互动关系，它不仅可以让幼儿感受到温暖，而且为幼儿与人交往树立了一个良好的榜样。

1. 征求幼儿意见的文明礼貌用语

"请……好吗？"

"请你想想看，还能怎么样？"

"你觉得怎样做会更好？"

"你有什么事？可以告诉老师吗？"

"我们交个朋友，好吗？"

"请问，你为什么会这么想呢？"

"别哭，我来帮你，好吗？"

"你有什么事要和老师说吗？"

"你今天有点不开心，能跟我说说是为什么吗？"

"你想一想，这样做对不对？"

"他很伤心，你愿意去安慰他吗？"

"请你帮我一下好吗？"

"你能笑眯眯地和我说话吗？"

"你能和别人说得不一样吗？"

"我们交个朋友，好吗？来，我们说说悄悄话。"

"让我来帮助你，坐到我身边来，好吗？"

"今天你有话对老师说吗？"

"你说的有一定的道理，你愿意听听别的小朋友是怎么想的吗？"

"你的病好了吗？老师很想你。"

"你愿意和老师交朋友吗？"

"你心里是怎么想的，跟我说说行吗？"

"你为什么这样做？你觉得这样做对吗？"

"你心里很难过，愿意告诉我是为什么吗？"

"你会像××一样专心地学本领吗？"

教师在与幼儿互动时，请多用征求意见的口气与幼儿交流，而不应用命令的口气。

2. 肯定与表扬的文明礼貌用语

"你真棒。"

"你真能干。"

"你的手真巧。"

"你真是个有礼貌的好孩子。"

"你这样做，老师很高兴。"

"你的这个想法不错。"

"老师很喜欢你这样做。"

"你今天的表现真不错。"

"你真爱动脑筋,老师真为你高兴。"

"让我们为××小朋友的进步拍拍手。"

"你做操真神气,像个解放军。"

"你真行,我很想得到你的帮助。"

"你能和小朋友友好地玩,老师很高兴。"

"××小朋友也会举手发言了,大家都为你高兴。"

"你的衣服很整洁,我真喜欢你。"

"你不光想到自己,还能想到别人,大家都很佩服你。"

"你和朋友一起补好了图书,大家都很感激你。"

"你能和朋友商量,画一幅漂亮的图画,真棒。"

"如果你和他一起玩,会玩得很开心。"

"你邀请老师一起玩,老师太高兴了。"

教师在与幼儿互动时要多使用丰富多样的文明礼貌语言给幼儿以肯定,这样会让幼儿感到既温暖又自豪。

3. 鼓励安慰幼儿的文明礼貌用语

"老师相信你一定行。"

"老师相信你可以做得更好。"

"没关系,你再仔细想想。"

"不着急,咱们一起试试。"

"别担心,说错了也不要紧。"

"摔倒了,没关系,勇敢地爬起来。"

"不错,你比上次进步了。"

"一起玩真有趣,你也来试试吧。"

"你又改正了一个小缺点,大家真为你高兴。"

"做了错事没关系,改正了就是好孩子。"

"我知道你一定会原谅他的。"

"别害怕,我来帮助你。"

"别担心,我来陪你。"

"请你慢慢地说,别着急。"

教师在与幼儿互动时要多给幼儿以鼓励,让幼儿在温暖中奋力前行。

4. 给幼儿建议的文明礼貌用语

"朋友有了困难,我想你一定会去帮助他的。"

"你们商量一下怎么做。"

"请认真吃饭,乖宝宝是不挑食的。"

"你已经是中(3)班的小朋友了,中(3)班的小朋友是不哭的。"

"你以后一定还会这样做的。"

"你自己试着做一做。"

"别急,仔细想一想,老师相信你一定能行。"

"我没听懂,能再说一遍吗?谢谢。"

"你一定很想跟他道歉,是吗?"

"你能大胆、清楚地讲给大家听吗?"

"朋友帮助了你,你一定会说'谢谢',对吗?"

"你能试着自己扣纽扣吗?"

"你愿意给花浇些水吗?"

"老师知道,你会把新玩具给大家玩的,对吗?"

"没关系,再来一次好吗?你会成功的。"

"你愿意和他说声'对不起'吗?"

"你愿意和我说'再见'吗?"

"你会说'谢谢你,请给我一块积木'吗?"

"老师相信你一定会认真学本领的,对吗?"

"你愿意和老师一起收拾干净的,对吗?"
"××小朋友的手洗得真干净,你会这么做吗?"
"你能学着像老师这样做吗?"
"你明天一定会高高兴兴地上幼儿园的,对吗?"
"你能和××一样热情地招待客人吗?"
"你能响亮地告诉小朋友吗?"
"你愿意把玩具借给他玩玩吗?"
"你能帮老师给鱼换水吗?"
"你能把垃圾扔到垃圾桶里去吗?"
"请你让一让,行吗?"
"你愿意和我说说悄悄话吗?"
"你愿意和老师交朋友吗?"
"你愿意和小朋友一起玩吗?"
"你能和我拉拉手吗?"
"你再试一下,好吗?"
"你能笑眯眯地和我说话吗?"

作为指导者的教师在与幼儿互动时,时常会给幼儿一些建议,使用文明用语向幼儿提建议,会让幼儿发自内心地乐意接受教师的建议。

5. 感谢或道歉的文明礼貌用语

"谢谢你帮我做……"

"对不起,是老师做错了。老师不应该……"

教师真诚的感谢让幼儿感到温暖,发自内心的道歉同样也让幼儿感到温暖。

6."应说"与"忌说"

★应说:"做错了事不要紧,下次改正就好了。"

☆忌说:"你怎么老犯错误啊?"
★应说:"对不起,老师说(做)错了。"
☆忌说:"老师还会说(做)错吗?"
★应说:"别着急,你一定会做好这件事的。"
☆忌说:"别人都能做好,你为什么做不好?"
★应说:"你真爱动脑筋,能发现这么多问题。"
☆忌说:"烦死了,就你的问题多。"
★应说:"我知道你能和大家一样遵守纪律。"
☆忌说:"你为什么总是管不好自己。"
★应说:"每样菜都有营养,吃了都对身体好。"
☆忌说:"这么有营养的菜你都不吃,尽挑食。"
★应说:"闭上眼睛,你一会儿就能睡着了。"
☆忌说:"再不睡觉,下午你就不要起床了。"
★应说:"没关系,老师帮你换洗一下。"
☆忌说:"怎么又把大(小)便弄到裤子上了?!"
★应说:"如果你能把它们送回原处就好了。"
☆忌说:"你总是丢三落四的,没头脑。"
★应说:"我们一起来找找原因,想想办法帮助他。"
☆忌说:"你的孩子今天又犯错误了,回去你好好管管。"
☆忌说:"你就知道哭,没出息!"
☆忌说:"一点小事你就爱打小报告。"
☆忌说:"就你事儿多!"
☆忌说:"你怎么那么讨人厌呢!"
☆忌说:"看见你,我就烦!"
☆忌说:"闭嘴!我不想听你说。"

☆忌说:"再说话就别吃饭了。"

☆忌说:"快吃,不吃就倒掉吧。"

☆忌说:"说了一百遍了你还不改正这臭毛病。"

☆忌说:"再不听话,就叫别的老师把你带走。"

☆忌说:"再打人,就让小朋友都不跟你玩。"

☆忌说:"坐下,你真笨!怎么连这么简单的问题都不会?"

☆忌说:"讲了多少遍你还不会,真是个笨蛋。"

☆忌说:"打电话叫你爸爸妈妈不要来接你了。"

☆忌说:"你的小耳朵到哪里去了?老是不听清楚问题。"

☆忌说:"不知道,那你干吗举手?你总是耽误大家的时间!"

☆忌说:"说了多少遍了,你怎么老是不听呢?"

☆忌说:"××小朋友什么都很能干,而你呢?"

☆忌说:"你的手怎么那么不老实?"

☆忌说:"怎么不说话了,你哑巴了?"

☆忌说:"你这么能吃,像头猪一样。"

☆忌说:"就这么一点点疼,你喊什么?"

☆忌说:"别人都会,就你不会。"

☆忌说:"你给我听着,不许……不许……"

教师多说温暖人心的话,忌说伤孩子心的话,师幼关系就会变得更加融洽,师幼之间就会充满快乐。

幼儿教师应该将上述文明礼貌用语熟记于心,这样当师幼互动中出现了相关的情境时,就能脱口而出。文明礼貌应成为师幼互动的一种习惯。

第四章 基于快乐的同事互动关系的建构

同事关系对幼儿教师获得职业快乐和幸福是十分重要的，同事关系处理得好，幼儿教师就可以从同事那里获得安全需要、关爱需要、归属需要、交往需要、尊重需要、成就需要等的满足，进而体验到职业的幸福和快乐。

一、同事间的快乐与不快乐

了解影响同事感情的因素，对我们建构快乐的同事关系有积极意义。因此，为了更好地建构快乐的同事关系，我们有必要了解同事间快乐与不快乐的原因。

(一) 同事间的快乐

调查发现，幼儿教师同事间的快乐主要来自以下十二个方面：

1. 同事间的关系融洽

融洽的同事关系和工作中的默契配合，让幼儿教师的交往需要、归属需要、成就需要得到满足，进而让幼儿教师感受到工作的愉悦。比如，在调查问卷中有的教师给出了如下答案：

"同事间最让我高兴的是：大家能像朋友和家人一样相处，真诚、互助、关爱。"

"我感觉同事间似乎没有什么不愉快的，每天和同事们在一起，都很融洽，即使有一些小误会，很快也就化解了。"

"同事之间互相信任，共同分享，团结一致，有说有笑，和谐相处，共同进步，每天心情舒畅，工作有激情。"

"在工作中，我得到领导和同事无微不至的关怀和耐心细致的指导，同事间团结协作，和睦共处，工作氛围令人舒心！"

"领导安排人员很恰当，在班上老师们能力互补，配合很默契，有时候不用过多的言语，仅仅一个眼神的交流，大家就懂得应该做些什么事情。这些都是最让我高兴与欣慰的。园里同事相处也很融洽，是一个不分正式与非正式级别的大家庭，领导都能平等地对待大家，大家有公平的机会去参加任何活动。"

"每天和同事们在一起，最让我高兴的是最亲切的问候、最开心的调侃、最无隔阂的聊天，开心地与同事度过每一天，感觉工作很轻松，心情很舒畅。"

"大家像好姐妹一样友好相处，互相帮助，有团结向心力。"

"开学初，一早我走到教室门口就看见配班老师在做卫生，我说今天是我保育呀，卫生工作该由我做。配班老师就说，我们同在一个班有些事情就不要分彼此了，彼此协作把本班工作尽量做好就是了。听了她的这番话我心里很温暖，相信我们班的工作一定会做得更好。"

2. 同事间的温暖

同事在关键时刻送上的温暖，满足了幼儿教师被关爱的需要，会让幼儿教师深受感动。比如，在调查问卷中有的教师给出了如下答案：

"无论遇到什么困难，同事都能伸出援助之手来帮助你，让你感到很温暖。"

"一次放晚学拖地板时我不小心滑倒在厕所,隔壁班的老师立即冲过来抱起我,二话不说就要带我去医院,我恢复一些后跟她说没事了,让她回家。后来休息一会儿后我独自去了医院,没想到这位老师带着其他老师早已经在医院门口等我了,说料到我一定会去拍片的。当时我虽然腰很疼,但是心里非常感动、温暖……"

"刚刚进入幼儿园,从学生到老师的转变,意味着很多事情都要学会靠自己,这时我遇到了自己的'干妈'。她对我就像对亲生女儿一样好,不光在工作上帮助我,在生活上也给予我无微不至的照顾,让我在离开家的时候也能感受到温暖,感觉妈妈就在身边,很幸福。"

"有一年刚放寒假,幼儿园安排老师们聚餐,可就在那天中午我接到电话,说我母亲突然过世了。那天本来是幼儿园老师聚餐的,可是老师们取消了聚餐,纷纷到我家里来安慰我,我很受感动,也觉得有点过意不去。"

"同事间最让我高兴的事情是,有一天我肚子不舒服,老师们知道了,都纷纷来问候我,有的帮我买药,有的还帮我打饭、搬床等,真的让我感到很温暖、很开心。"

3. 同事在业务上给我的真诚帮助

在日常的保教工作中,在业务上同事间的真诚帮助,会让幼儿教师的成就需要、专业成长需要得到满足,进而使教师体验到工作的快乐。比如,有的教师在调查问卷中给出了如下答案:

"当我在工作中遇到问题或困惑的时候得到同事的帮助与支持,这是我最高兴的事。"

"我是从小学转岗来幼儿园的,小学的教育教学模式与幼儿园不同,但很庆幸的是,我遇到了一个和谐、团结的集体。当我在教学中遇到疑惑和难题时,同事们总是为我出谋划策,把自己多年的教育教学经验传授给我,让我获益匪浅。我由衷地感谢他们。"

"在一次外出学习中,我因时间问题不能及时赶回幼儿园上兴趣班,一位老师主动将孩子接过来上课。'能帮就帮'是我们耳熟能详的话,被帮助的时候,我的心中充满感激。"

"同班老师很支持我的工作,当遇到某些家长不理解我的工作时,他们指导我如何去沟通,最终使我赢得了家长的理解与支持。对此我感到非常高兴。"

"记得上学期的一天,我要上下午班,可因家里有急事赶不回来,实在没办法,我打电话给配班老师,她二话不说直接过来顶班,一句怨言都没有。要知道她已经顶了三天班(我出差)了。我不只是非常感动,还觉得跟这样一位老师合作是我的荣幸。"

"班里的老师是位有多年经验的老教师,在教育教学过程中,她总是会在我做得不好的时候教我如何去做,在教学中教我如何把握教学的重点,让我一步步地成长起来,我已经慢慢地学会了如何去上好一节课。我很感谢老师们对我的帮助。"

"我们平行班的同事都很好,教学活动能够用上的教具等,都是资源共享,有困难大家都能一起分担,希望我们能永远快乐地工作。"

"同事间让我觉得高兴的事情就是:能互相帮助、团结友爱。例如,在教学中,我遇到了困难,同事们都很耐心地指导我,让我感到很快乐。"

"当遇到困难时,同事主动来帮助我,这可能是最让我高兴的事情。评职称时我正在外地出差,返程的第二天就要参加述职和评分,当时没有出差的同事帮我整理好了所有的资料和评审表格,还按照要求打印出来分类装订好。那时我的第一反应就是幸福!"

4. 同事间精诚合作

为了共同的理想和追求,大家倾力合作,出色地完成各项任务,会给大家带来合作的快乐和成功的快乐。比如,有的教师在调查问卷中给出了如下答案:

"同事间最让我高兴的是能齐心协力,将工作任务很好地完成。"

"我想最令我高兴的事情就是,每次园里举行大型活动,老师们都很团结、努力,发挥自己最大的能力来为集体争光。"

"和我同班的陈老师是个刚参加工作不久的年轻人,但是她工作很积极,什么事都抢着做。因为我年纪比较大,所以'六一'儿童节的节目都是她独自组织排练。教孩子们跳舞非常辛苦,可是她从来没有怨言,为此她得到了家长的好评。"

"同事之间在工作中能互相理解,从不计较个人的得失,这是最让我高兴的事。"

"为了工作,大家齐心协力,这样最开心,尤其是经过努力做成一件事的时候。比如,几个老师一起合作编排的舞蹈在比赛中获得最佳成绩的那一刻,大家都流下了高兴、激动的泪水。"

5. 同事间趣事分享

平日间,同事们经常交流工作和生活中的趣事,有利于大家体悟到生活和工作的乐趣。比如,在调查问卷中有的教师给出了如下答案:

"平时同事间喜欢通过说笑话来调剂一天紧张的工作状态,有时会因为一个有趣的笑话让人在快乐中回味半天;同事聚在一起吃中饭更是让大家开心的事情,我们都可以在聚餐中了解到班上的趣事。"

"同事在生活、工作上有开心的事情与我一起分享的时候,我也会感到高兴。"

"在园内大家一起谈论工作中的乐趣,让每个人都从快乐的角度去看待工作。"

6. 同事的肯定

工作得到同事的肯定,令幼儿教师很有成就感。比如,在调查问卷中有的教师给出了如下答案:

"我觉得同事间让我最高兴的事情是我在工作中能得到大家的认可。大家对我工作的肯定,让我觉得我的工作做得有价值。"

"在每年度的满意率调查中,我总获得高票。自己的工作得到了大多数同事的肯定,再累心里也高兴。"

"在观摩研讨活动中,自己设计和组织的教育活动得到同事的认可和赞扬,让我很有成就感。"

"我的班级管理工作得到同事的认可,在年终总结大会上我做了专题发言,这令我很高兴。"

7. 同事善意的批评

在调查问卷中有的教师给出了如下答案:

"感谢那些曾批评和提醒过我的同事,是你们让我如此快地成长。如果赞美和批评两种声音让我选择,我更喜欢批评的声音,这种声音才会让自己知道错在哪里,以及以后该如何才能换来赞美的声音。"

"来到这个单位我是幸运的,因为很多人都愿意帮助我。在我做错事情的时候,她们会善意地批评我;当我失意的时候,她们又会鼓励我;当我工作碰到困难的时候,她们又会毫不犹豫地帮助我。同事之间的好是不易察觉的,但是当自己好好回味的时候,会发现对自己帮助最大的人,就在自己身边。谢谢她们一直为我提供宝贵的帮助。"

8. 同事的包容

人不可能不犯错误,在犯错误后得到同事的包容,会让当事者很感动,同时也会使当事者不至因为犯错而承受过重的心理负担。比如,在调查问卷中有的教师给出了如下答案:

"有件事让我最高兴也最感动,就是我结婚时,觉得大家能成为同事很不容易,就请了大家。但刚来幼儿园任教的我,对同事们都还不大了解,在写请帖的时候把有些老师的名字写错了。可没想到我的同事们一点都不计较,结婚那天,我很惊喜地看到同事们都来祝福我,并通过巧妙的、善意的方式给我'纠错',那天她们对我说的每句话都令我非常感动。我很喜欢我的这些同事们,她们不仅是我的同事,还是我的朋友!"

"不嫉妒他人的成功,宽容大度,不计较他人的过失,生活上相互关心,和睦相处,不分级别,以姐妹相称,这些让我感受到工作中的轻松,同时也让我在学习和生活中感受到无比的快乐。"

"大家团结、互助,不因一点小过错而相互计较,人际环境比较轻松,这让我很开心。"

9. 能帮助同事

不要只顾自己,自尊心的最大满足来源于别人对自己的尊敬,所以帮助别人就是帮助自己。能帮助同事做点力所能及的事,会令助人者发现自己的价值,容易在集体中找到归属感,另外,助人还有利于融洽人际关系。比如,在调查问卷中有的教师给出了如下答案:

"能帮助年轻的教师完成一节重要的公开课,不管她是否获得第一名,不管她是否道谢,我都觉得很开心!"

"在工作中,我从不计较多做一些事。同事们帮助我,我总是心怀感激。记得有一次,与我配班的老师请假了,同级的吴老师帮我拿了幼儿用的毛巾、水杯等。当时我一个人实在忙不过来,对于她的帮助,我一直心存感激。"

"年轻老师上公开课时我帮助她们做了一些事情,在我上公开课的时候,她们也主动来帮助我,并陪我加班制作教具。得到关心和帮助我很开心。有时想想,给予和收获是相互的。"

10. 同事的热情友好

同事间热情友好,会使幼儿教师心情舒畅,并从中获得安全感和归属感。比如,在调查问卷中有的教师给出了如下答案:

"每天早上见面,大家都能热情地相互问候,令人深受鼓舞。"

"同事间的问候让人感觉很亲切、很温馨。"

"刚进入这个集体,领导的热情接待、同事的热情指导、跟班级老师的团结协作,让我每天上班都很开心!"

"出差回来,同事们高兴地问:'嗨,几天不见,去哪里了?'这让我感到自己在别人心中是有位置的。"

"节日、生日时,大家互相祝福,让人很享受。"

11. 同事间的心灵沟通

平日里,同事间发自心灵深处的沟通,有利于幼儿教师宣泄内心的郁闷,恢复内心的宁静,加深同事间的情感,满足教师的归属需要。比如,在调查问卷中有的教师给出了如下答案:

"同事间能像姐妹一样推心置腹地谈话,一起来解决一些问题,我觉得很高兴。"

"心情不好时,有同事愿意听我诉说。"

"同事之间最让我高兴的是我们除了工作,还有别的话题可以聊聊。因为我从外地来,在这里几乎没有朋友,同事就是我的朋友。比如,家里有不开心的事,没人倾诉的时候,同事也是我最好的听众,每次我说完,他们都会给我很大的安慰。"

"大家经常坐在一起聊聊天,交流一下工作感受,说说心事,这样很温馨。"

"在我遇到人生中最重大的事情时,同事总会出现在我的身边,鼓励、安慰我,开导我,陪伴我。有他们在工作中支持我,我才能坚持下来,乐观地面对未来的人生。"

"同事之间的相互关心和照顾让我很感动。例如,互相帮助买早点;记住每人的生日,并主动帮助庆祝;无私地利用业余时间给予彼此专业上的关心与帮助等。"

"同事过生日时,大家一起送礼物、共同庆祝,感觉很温馨。"

12. 同事间共同的业余爱好

快乐除了来自同事间共同的工作理想与追求外，还来自工作之余的共同爱好，共同爱好满足了教师的归属需要和娱乐需要。比如，在调查问卷中有的教师给出了如下答案：

"我和同事经常针对共同关心的新闻、流行歌曲、明星进行交流，还一起去看偶像的演唱会，我们总是有谈不完的话题。"

"我们经常一起去旅游，一起外出玩耍，这使得大家紧张的身心得到放松。"

"有空时，我和几个要好的同事常常一起逛街、外出喝茶、聚餐，很是享受。"

"同事们时不时聚在一起聊聊天，AA制去寻找快乐。"

"与同事一起聊天或者是几个人一起动手做吃的，一起学习某样事情（例如学车等），让我感到轻松愉快。"

"大家一起出去学习、游玩，像一个大家庭一样，不仅可以增进同事之间的感情，而且可以互相学习。"

"性情相投的几个同事一起吃吃饭、喝喝茶、聊聊天、逛逛街，很开心。"

（二）同事间的不快乐

调查发现，幼儿教师同事间的不快乐主要来自以下八个方面：

1. 同事间的是非

被同事背后说是非是幼儿教师感到最纠结的事情，在调查问卷中有43.7%的教师说同事间令他们极为不快的是以下行为：

"在背后说三道四，且添油加醋。"

"当面不说，背后说闲话。"

"背后议论、挑拨离间最让人生气。"

"女同志在一起难免会说三道四，是非多。最讨厌的就是被一些无聊的人恶意中伤、歪曲形象。"

"爱告状，有事不当面讲，到领导那里打小报告，让人有口难辩，感觉比窦娥还冤，郁闷呀。"

2. 同事的不真诚

同事的不真诚会让教师感到不安和不快。比如，在调查问卷中有的教师给出了以下答案：

"我曾经听到一位同事对别的同事说我用了她们教室的'什么什么'（刚巧被路过的我听到了），我忍不住说：'我没有用过你的东西。'她马上改口说：'我不是说你。'我平时与这位同事相处得不错，也从不与别人发生摩擦，但不知为何她这样对待我。"

"在我面前说我这样好、那样好，可背后对我一脸的不屑或指指点点。"

"当同事对我虚情假意，在我面前做一套、背后又做一套的时候，我会不高兴。"

3. 同事的嫉妒

同事的嫉妒会让幼儿教师感到不安和不快。比如，在调查问卷中有的教师给出了以下答案：

"有的同事总是怕别人的能力比自己强。当我的能力比别人强时，常常会遭到不少的人在背后挑毛病，这让我不高兴。"

"自己对工作不够尽职尽责，但总在背后对我的成绩说三道四，无端诬陷我、搞假情报的那种同事，会让我不高兴。"

"我的文章发表了，有人嗤之以鼻，这让我很恼火。"

4. 同事的误解

同事的误解会让幼儿教师感到心情不舒畅。比如，在调查问卷中有的教师给出了以下答案：

"自己有苦衷，但同事不理解而产生误会，导致自己心情不爽。"

"因为一两句无心的玩笑话而被误解时，我的心情比较郁闷。"

"同事间最让我不高兴的事情是工作中有时被别人误会，而别人又不听我解释。"

"国庆节学校安排值班，我很爽快地答应值班，并开玩笑地说了一句：'看我多积极主动！'结果一个同事听了很不高兴，当场就顶了我一句。那个女同事和我是同一所学校毕业的，很多东西都是我教她的，我是把她当自己人才那么热心。她平时对我还算客气，现在我真的好受打击啊！我该怎么办好呢？以后跟她相处时，我该继续像以前那样热心呢，还是该保持一定的距离呢？"

5. 同事的不守信用

在调查问卷中有的教师给出了以下答案：

"我相信她，才将我的'秘密'告诉她，可没有想到，不到一个星期全园老师都知道了我的所谓的秘密。这让我很痛苦，我今后还能将心事告诉谁呢？"

"最让我不高兴的事情是五年前的一件事。有个老师本该上早上的课，她对我说她要出去买点菜让我帮她代课。她8点多就出去了，到了12点多都不见人影。本来我身体就不舒服，那天早上也不是我的课，我也想出去买些药。我处处为她着想，可是没想到她是一个不讲诚信的人。"

6. 同事在工作上不支持、不配合

工作上，同事不愿意提供力所能及的帮助或支持，这让幼儿教师感到很沮丧。比如，在调查问卷中有的教师给出了以下答案：

"在一次活动中，本班需要用到一些活动用品，正好某班有，我就去向该班老师借，可是她不愿意借给我，其理由不少，一次说她的班上还要用，一次说怕被弄坏了……这让我心里不太舒服。"

"我是一个心直口快的人,见到什么不对的事总是马上说,因此得罪了一些同事。有时候个别人会故意做一些事为难我,我希望大家诚实点,因为还有好多孩子在看着我们!"

"我有不懂的地方,请教她,她却不回答,这让我不高兴。"

"同事有能力帮助我,却不愿意帮助我,且原本我们关系较好,这令我很不高兴。"

"同事间最让我不高兴的事情是:同事的胸怀不太坦荡。比如,我刚来,啥事都不会,向同事学习,但有些老师总是不愿直说,不够爽快。"

7. 同事的不尊重言行

在调查问卷中有的教师给出了以下答案:

"同事当众批评我,令我在众人面前没面子,我感到不快。"

"有些同事未经我同意,擅自做出决定,将我捆绑进某些事件,让我非常不高兴。"

"有的同事说话带刺,让人听了心情很不爽。"

"我有一个同事,总是因为自己是在编老师而看不起我这个没有入编的教师,这让我感到心情压抑。"

"当意见有分歧时,有的同事采取人身攻击的方式来表达意见,很令人反感。"

"有的同事做人做事给人的感觉是高高在上、看不起人,还喜欢揭人的伤疤,这让人与其交往时心情很不好。"

"有的配班同事遇到不顺心的事情,喜欢在我身上撒气,整天埋怨个没完没了,令人心情持久不爽。"

8. 同事的损人利己

在调查问卷中有的教师给出了以下答案:

"当大家协作完成一件事情时,个别不顾团体利益而一意孤行的人最让我不高兴。"

"有一年我和一位老师一起评职称,而在投票选举先进时,我以多出5票的优势当选了。谁也没想到该教师对此投票结果甚为不满,并将我当选先进编造为我是采取不良手段获取的,还上告到上级职称评定小组。结果我当年的职称评定没能通过,而该教师当年的职称评定则顺利通过了。这件事让我的心永远地痛。"

"同事在背后互相拆台、污蔑人,仗着权势讲话咄咄逼人,最让我不高兴。"

调查启示:要想与同事建构快乐共同体,让大家都能从交往、合作中获得更多的快乐,我们就应该多创造快乐事件,努力遵循"己所不欲,勿施于人"的交往原则,避免不快乐事件的发生。

二、同事互动中的快乐策略与措施

同事是幼儿教师职业快乐的重要资源,幼儿教师应该努力挖掘同事间的快乐资源,让自己快乐,也让同事快乐。

(一)多和优秀的同事交往

平时,幼儿教师要多与那些"积极追求进步"、"工作成绩显著"的同事交往。与这些"先进分子"交往,不仅可以从他们那里得到专业方面的帮助和启发,更重要的是可以经常被"先进分子"们的那种健康的、不断追求进步和事业成功的积极心态所感染,有利于幼儿教师形成积极健康的工作心态,有利于幼儿教师在分享这些"先进分子"们工作的快乐和幸福的同时,也不断地发现自己工作中的快乐和幸福。相反,如果你经常与工作中的"落后分子"们

（工作中不求上进，牢骚满腹，经常埋怨领导、埋怨同事、埋怨孩子、埋怨家长、埋怨社会、埋怨一切人）为伍，久而久之，你也会被他们的消极心态所感染，进而走进倦怠的工作状态之中。

所以，要想享受到工作中的快乐和幸福，你就应该多和那些快乐地工作、幸福地工作的同事在一起。

（二）与同事互惠互利

人际关系心理学家认为，人与人之间的交往本质上是一种社会交换，这种交换同市场上的商品交换所遵循的原则是一样的，即人们都希望在交往中得到的不少于所付出的。其实不只是得到的不能少于付出的，如果得到的常常大于付出的，也会令人们的心理失去平衡。因此，互惠互利是人际交往的一个基本原则。从交往的内在动机而言，交往是为了满足自己的需要而进行的活动，但是只有单方获得好处的人际交往是不能长久的，所以交往双方都要受益，交往不仅要利己，而且要利他。

幼儿教师在处理同事关系时，要注意以下几点：

1. 滴水之恩，当涌泉相报

这是使关系平衡的一种做法。平时我们在享受别人付出的同时，要考虑自己能为对方做些什么，不断提高自己满足对方需要的意识和能力——我们不仅能在物质方面满足对方的需要，而且能在精神上满足对方的需要，前者较为现实，但不能长久，而后者则能长久。

2. 做了好事，要让受益方有回报你的机会

这也是平衡人际关系的一种做法。好事一次做尽，使人感到无法回报或没有机会回报的时候，愧疚感就会让受惠的一方选择疏远对方。因此，我们在平时的工作和生活中不仅要为别人付出，还要让对方能够回报自己，这种收支平衡的人际关系才会长久。如果你想帮助别人，而且想和别人维持长久

的关系，那么不妨适当地给别人一个机会，让别人有所回报，不至于因为内心的压力而疏远了双方的关系。而"过度投资"，不给对方喘息的机会，就会让对方的心灵窒息。留有余地，彼此才能自由畅快地呼吸。

为了让同事关系更加融洽，幼儿教师应该经常问自己：我能为同事们做些什么？我能让同事为我做些什么？近期我的人际关系中收支平衡吗？努力在同事中建立一种积极的收支平衡的关系，才能让大家在交往中实现共赢。

（三）与同事交往时应积极、主动、热情

积极、主动、热情是人人欢迎的个性品质。一个积极、主动、热情的人，在与同事交往中常表现为喜欢同事、帮助同事和赞美同事，而不是倾向于厌恶、轻视同事或说同事的坏话。在工作和生活中，几乎每一个热情的人都会赢得同事的喜欢。

见了同事，主动打招呼，主动微笑；与同事有了矛盾，要主动化解——同事关系完全可以因你的积极思考和行动而带来积极的重建；同事有困难，要主动去帮助……

有的幼儿教师认为："先向别人打招呼，不是低看了自己吗"；"我向他打招呼，要是她不理睬我，那我多难堪呀"。实践证明，主动积极交往得不到理睬的情况极少，除非对方对你积怨太深。即使对一些"傲慢、古怪"的人，你自然、亲切地主动打招呼，他们也会对你"另眼相看"。

如果一个月内坚持主动地与同事打招呼，主动地对同事微笑，见同事就主动地问"有什么需要我帮助的吗？我能为你做点什么？"，你就会发现每个人都会喜欢你，你就会生活在一种其乐融融的人际关系之中。

主动地打招呼背后的含义是我眼中有你，如果一个月内坚持这么做，你的人气就会急升，就会发现每个人都喜欢你。

有这样一个比喻："热情是太阳，照到哪里，哪里亮；消极像月亮，初一、

十五不一样。"这种比喻十分恰当。

当你主动地付出关怀与热情、主动地帮助同事时,你的同事便会因为你的付出而更加感谢你,同时,你也会拥有更多知心的朋友。

(四)学会赞美同事

美国心理学家威廉·詹姆斯说:"人类本性中最深的企图之一是期望得到称赞。"渴望赞美是深藏于人们心中的一种基本需要。每个同事都有闪光的地方,所以不要吝惜你的赞美,这是你获得良好同事关系的捷径。

如果在同事交往中人人都乐于赞赏他人,善于夸奖他人的长处,那么,同事间的愉快度将会大大增加。在赞美同事时,请注意以下几点:

1. 赞美的具体化

空泛的赞美,虚幻而生硬,使人怀疑动机,而具体化的赞美,则显示真诚,如,你说她的眼睛漂亮,比说她漂亮要有效得多。

2. 从否定到肯定的评价

这种赞美的方法一般是这样的:"我很少佩服别人,你是个例外";"我一生只佩服两个人,一个是××,一个是你";"在我们幼儿园,我只佩服两个人,一个是××,一个是你"。

3. 赞美要及时

见到、听到同事得意的事,一定要及时去赞美。同事参加比赛获大奖了,当场或第二天见到她,你一定要对她伸出大拇指夸她,并由衷地对她的获奖表示祝贺。

4. 适度指出同事的变化

适度指出别人的变化,其蕴含的意义是"你在我心目中很重要,我很在乎你的变化"。如,有同事穿了一件新衣服,你可以夸它漂亮、有特色或使人显得有朝气等;又如,你的同事今天穿了一双新鞋,你可以对她说:"你今天穿的鞋子，跟以前不一样，风格很新颖！"

5. 与自己做对比

通常情况下，一般人很难贬低自己，如果你压低自己同他做比较，那么就会显得格外真诚，这一招特别适合于领导使用，会给属下一种莫大的鼓舞。

6. 逐渐增强的评价

如果你想要得到一个人的心，那么就逐渐增加你的赞美吧；如果你要伤害一个人，那么，就逐渐降低对他的评价吧。有人说：恋人变老婆的失落，就是因为我们相互降低了对对方的评价。我觉得此种比喻很有道理。

7. 信任刺激

这种赞美同事的方法一般是这样的："只有你，能帮我……能做成……"

8. 善于评价他人

如果你的同事是大美女，你说她美，那么她不会有太多的感触，因为大家都这么说她，所以你就要说她有气质、有素质、有涵养。如果你的同事长相难看，你就不要夸她漂亮，夸她漂亮是虚伪；但是如果你的同事长相一般，你夸她漂亮，她就会喜欢。

9. 间接夸同事

传达第三者的赞赏，这样不但能避免尴尬，而且能获得好感。一个典型的例子就是："A 老师，这次我和 B 老师去上海／北京／南京／南宁……B 老师对你的评价特别高，她说你……"这样，A 老师对你和 B 老师都会有好感。

10. 记住对方特别的日子或特别的事情

记住对方特别的日子，或是特别的事情，在关键的时候提出来，给对方一个惊喜，而这需要你平时的积累。好的方法是用电脑或记事本，在同事联系方式的旁边记上他的生日，他家人的名字，他得意的事情。

11. 背后鞠躬

背后鞠躬,说得通俗一些,就是通过第三者在无意间转述自己对同事的好感或者赞美,或者通过创造某种特定的环境条件让对方听到自己对他的积极评价。这更容易赢得同事的好感。因此,在同事背后,不仅不要说别人的坏话,而且要尽可能多地说别人的好话,说多了,不用担心没有人传到她的耳朵里。一旦你的同事从第三者口中听到你对她的好评,那么,你在她心目中的好感就自然而然地建立起来了。

12. 赞美同事引以为荣的事

如看见同事穿了一件新的风衣,你跟她说:"这件风衣真漂亮,在哪儿买的?"看见同事开着新车来上班,你跟她说:"这车真漂亮,开车的感觉不错吧?"……同事肯定会扬扬得意地和你谈她的得意之作。

13. 赞美要准确、由衷

如,同事在交流会上发言很精彩,你可以对她说:"你的发言很精彩。"和同事聊天你觉得对自己很有帮助,你可以真诚地对她说:"你的谈话内容对我很有帮助,谢谢你!"

(五)注意与同事交往的交互性

你希望别人怎样对待你,你就应当怎样对待别人。请看下述案例:

一个新到任的园长,发现老师之间彼此不和,她很吃惊。为了弄清此中缘由,有一天开会前她给每个老师发了一张纸条,要求全体教职员工以最快的速度写出他们所不喜欢的人的姓名。

有些老师在1分钟之内,仅能够想出1个,有些老师甚至连1个也想不出来,但是另外一些老师能一口气列出15个他们所不喜欢的同事的姓名。

园长将纸条收上来,结果发现,那些列出不喜欢的同事的数目最多的人,也正是最不被大家喜欢的人,而那些没有不喜欢的同事的老师,或者不喜欢的同事很少的老师，也很少有人讨厌他们。

这一事例表明，自己喜欢的人或厌恶的人，与喜欢我们的人或厌恶我们的人数量基本相同。当你喜欢别人时，别人也可能会接纳你；当你不喜欢别人时，别人可能也不会接纳你。你对别人怎样，别人也会对你怎样。

因此，要想得到别人的关爱、尊重、体谅、欣赏、赞扬、接纳，你首先要这样对待别人。

（六）注意与同事交往的弹性

不要人为地将同事分为"朋友"和"敌人"，不要"看不顺眼不来往、兴趣不同者不接近、话不投机懒得说、令人不愉快者断交"。要相信世上没有不可交的朋友。有些人奉行"不是朋友就是敌人"的交友原则，如果这样，"敌人"就会一直增加，朋友一直减少，最后让自己变得孤立。应该改变原则，"不是敌人，就是朋友"，这样朋友就会越来越多，敌人越来越少！

在与同事交往中要多些包容，不求全责备，要多看他人的善和功，多想他人的恩和德，做到宽以待人。我们不仅要能够容人所长，善于欣赏别人；也要容人所短，善于体谅别人。包容有助于扩大交往空间，也有助于消除人际间的紧张和矛盾，有利于增加交往中的愉快体验。

（七）与同事交往要讲信用

交往离不开信用。信用是指一个人诚实、不欺、信守诺言。古人有"一言既出，驷马难追"的格言，现在有以诚实为本的原则，言必信，行必果。不要轻易许诺，一旦许诺，就要设法实现，以免失信于人。

你守信用，同事与你交往才会有安全感，同事关系才会变得相对简单。比如，同事因信任你而把自己的某些秘密告诉了你，同时告诉你："此事我只告诉你一个人,因为我信任你。"可是,一个星期后,同事的这个所谓的秘密在全园传开了。如此一来,你的同事肯定不愿意再与你来往,从此以后,你将不再会有愿意与你交心的同事了。

(八)努力让别人因你而快乐

追求快乐是人的本性,人都喜欢能给自己带来快乐的人。因此,我们要有快乐的意识和能力。与同事相处,要努力给大家带来快乐。在与同事相处时,快乐应该成为一种习惯。

付出有快乐,人际交往的温暖让人忘却烦忧。连续为别人做5件好事,尤其是在一天内完成,可以带来非常明显的幸福感上升的效果。幸福心理学研究表明,哪怕只是做了一次"好事",如向自己的同事说声感谢,或是给帮助过自己的人寄一张感谢卡,它所带来的好心情可以持续一个月以上。

(九)提高彼此业余生活的相似性

我们往往喜欢那些与我们拥有共同理念、态度和兴趣爱好的人,这就是"相似性"在人际间的吸引力。提高我们与同事的相似性,不仅可以丰富我们的生活,而且可以增加我们与同事沟通与交流的机会,会让我们更好地融入幼儿教师集体之中。

(十)对同事心存感激

我们要学会感谢我们的同事,感谢那些帮助过我们的同事,同时也感谢那些伤害过我们的同事,因为他们磨炼了我们的心志。以感激之心对待我们的同事,你就会发现我们的同事个个对我们的成长都具有积极的意义,以如此之心态与同事交往,我们收获的将是幸福和快乐。

（十一）用心经营与同班老师的关系

在同事中，与自己走得最近的、对自己的职业幸福与快乐影响最大的就是与自己共同带班的那几位老师。因此，我们要精心呵护与同班老师的关系，努力将之建设成一个快乐的共同体。在处理与同班老师的关系时，我主张大家遵循"你希望别人如何对待你，你就首先要如何对待他人"这一基本的原则，并在以下六个方面进行积极的尝试：

1. 多发现对方的优点，多宣扬对方的优点

平时要多了解同班其他老师的优点（包括他们的才能、性格、品德、获得的成绩和荣誉等），然后利用班级开展教育活动（生活活动，教学活动，游戏活动等）和与家长联系交流的机会，适时适地适量地向幼儿及其家长透露同班教师的优点。这样做，不仅有利于树立同班其他教师在幼儿及其家长心目中的威信，增进幼儿及其家长对配班教师的敬佩之情，同时也有利于我们从更积极的角度来认识和对待同事，另外，这样做还会赢得同班老师的尊重和感激，有利于增进相互之间的良好感情。

同班教师绝不可以在幼儿及其家长面前相互诋毁，否则，不仅有损教师作为教育者的形象，而且会让同事关系进入相互贬损的恶性循环。在相互贬损的环境中工作当然不会快乐，更不会幸福。

2. 引导幼儿关心配班老师

教师可以利用一些偶发事件来引导幼儿关心配班老师，如，某位教师生病了，或者，家里出现了某些困难，同班老师应该通过各种途径表达自己的关心，同时带领小朋友们一起去关心慰问。比如，孟老师生病了，与其同班的何老师在班上跟小朋友们说孟老师平时如何辛苦地为大家做事情，小朋友们都深受感动。然后，何老师又通过自己的手机让全班小朋友向孟老师表达问候，孟老师很受感动。第二天，孟老师去上班，刚走到教室门口，小朋友

们都不约而同地出来看孟老师,一双双小眼睛都关切地望着孟老师,这个问:"孟老师,你好一点了没有?"那个问:"孟老师,你是怎么啦?"孩子们的关切之意溢于言表,这让孟老师激动得泪水在眼眶里打转……

你让同班老师在小朋友们的关爱中体会到了工作的幸福,相信他也会利用一切可以利用的机会让你感受到工作的幸福和快乐。

3. 在家长面前树立同班老师的威信

在家长面前美言与自己一同带班的老师,特别是处于相对强势地位的老师在家长面前美言同班老师,能够树立起同班老师在家长中的威信。请看下面的案例:

一次新生家长会上,家长们从我的身边走过,几乎没有一个人正眼看我。大家都围坐在主班的单老师身边听她发言,没有人注意到我的存在。当时我的心里真的有些失落。过了一会儿,单老师把全班孩子的情况说完后,开始介绍老师的情况。她大力推荐:"这是我们班新来的老师——陈老师。我们这个班级真是有福气,园长厚爱我们,派给我们这样一位优秀的老师。她有着丰富的教学经验,特别是在美术教育方面。接下来,我们请陈老师来介绍一下她的教育方法。"我明显发现家长看我的目光改变了,从漠不关心到敬重。他们目不转睛地看着我,听着我的介绍,会后还有很多家长向我讨教经验。

【朱家雄,张亚军,主编.给幼儿教师的建议 [M]. 上海:华东师范大学出版社,2010:187.】

4. 工作积极主动

同班老师之间是有明确分工的,但平时在工作中,我们要尽力主动多承担一些任务,比如,主动加班、主动帮有事的同班老师带班、主动帮有公开课的老师准备材料、主动帮保育员做些保育方面的工作……

主动付出,定会使我们赢得好的人缘。

5. 注意提意见的艺术

一位手工制作能力特别强的新老师看到班里的环境时说:"这棵树是平面的,我能做个立体的。"她边说边把原来的树木图片撕了下来。虽然她后来做的确实比原来的好看,但是同班的老师已经流露出不满的情绪了。同事间一旦有隔阂,再想转变就需要付出许多精力。因此,幼儿教师一定要注意向同班老师提意见的艺术。请看下面的案例:

【案例】 尊重是沟通的基础

开学不久的一个早晨,李老师一走进教室,就看见范老师在教室里忙碌。"在做什么呢?"李老师问。范老师指着玩具柜上被孩子们乱放的图书、水彩笔和玩具之类的物品说:"快来和我一起干,将这些东西顺一顺。"

李老师想说,这些东西都是孩子们用的,应该由他们自己来收拾。但转念一想:要是我这样说,范老师会不会认为我是在"找借口"?于是李老师转过身对全班孩子说:"你们看,范老师多辛苦,你们随手乱放,范老师就要花很多时间来整理,也就没有时间和你们一起出去玩了,怎么办呢?"

"李老师,我来帮范老师做事。"刘雨西边说边举手。

我赶紧纠正孩子们的错误观点:"不是帮范老师做事,而是范老师在帮你们做事,如果你们用完之后及时将这些物品放回原处,范老师就不需要做这些事,也就有更多的时间和你们一起玩了。谁愿意来把这些东西送回它们自己的家呢?"孩子们纷纷举手。

然后,李老师又说:"范老师你来选。"李老师将一直在埋头整理的范老师"请"了出来。

范老师十分高兴地请了8个小朋友出来整理零乱的物品。

范老师在感受到被尊重的基础上愉快地接受了李老师的教育主张:孩子能

做的事就让他们自己做。

6. 遇事多商量

在班级工作中，不论是大型活动，还是日常生活活动或教学活动，同一个班的老师都会遇到许多需要协同完成的事。这时，大家不要自作主张，要多和同班的老师商量，以取得他们在行动实施过程中的配合。如，要常说"这件事，你们看怎么办好"，"大家看这样做行不行"，以确定你的行动不使他人为难。经过协商确定的方案，在实施过程中定会得到大家的支持和配合，工作会更顺畅，大家也会更开心。

能成为搭班同事，是一种缘分。请珍惜这种缘分，相互学习，相互支持，相互配合，这样才会使工作越来越顺利，大家工作的幸福指数才会越来越高。

（十二）避免嫉恨

嫉恨是嫉妒发展的最高阶段。

嫉妒是对与自己有联系的、强于自己的人的一种不服、不悦、失落、仇视，甚至带有某种破坏性的危险情感，是通过将自己与他人进行对比而产生的一种消极心态。嫉妒的产生和发展一般要经历三个阶段：

（1）羡慕阶段。羡慕是赞叹他人的一种内心情感，如果自己周围的人取得一些成绩，在某些方面走到了自己的前面，人们普遍会产生羡慕的情感。羡慕并不坏，它会使人奋起直追。生活中的强者，正是因为羡慕别人的成就而立下了决心：别人取得的，自己也要取得；别人没有取得的，自己也要有信心取得。

（2）嫉忧阶段。赞叹、羡慕本身并不都导致嫉妒，而只有弱者才会面对别人的成功产生负面的情感，即由羡慕转向嫉忧。自己无力或不愿意改变自己的现状，从而产生极大的失落感，引发内心的忧虑和痛苦。

（3）嫉恨阶段。处在嫉忧心境中的人，如果负面的情感经过多次的反馈和激化，就会变成嫉恨。处在嫉恨阶段的人，通常会把其内心的嫉恨转化为外在的行动：挑剔、挖苦、指责别人，更有甚者，会进行正面攻击，甚至伤害别人。

我们所提倡的避免嫉恨，有两个意思：一是避免别人对自己的嫉妒，二是避免自己对别人的嫉妒。

1. 避免别人对自己的嫉妒

（1）了解嫉妒产生的条件。心理学研究表明，人际之间的差别越大，相互间产生嫉妒的可能性越小。尤其是当一方所拥有的是另一方根本不可能得到的东西，这种情况下很少会引起嫉妒。比如，很少有幼儿教师嫉妒市长的现象，而在相互之间地位相等、相近，能够相互进行对比的人们之间，容易产生嫉妒。平时在幼儿园这个生活圈子里，大家彼此差不多，可能会相安无事，一旦有人冒尖出头、领先于别人，往日平静的圈子就会荡起嫉妒的涟漪，甚至是波涛。

①甲乙两同事条件相当，甲同事一旦超过乙同事，乙同事就容易产生嫉妒心理。

②在某方面取得突出成绩或超越了很多人的同事，容易被其他同事特别是同性别的同事所嫉妒。

③乙同事原先不如甲同事，后来乙同事突然超过了甲同事，取代了甲同事在某一集体中的荣耀地位，乙同事就容易受到甲同事的嫉妒。

④一些确有才能，但有意无意炫耀自己的才干或能力的同事，给别的同事造成了一种无形的压力，容易受到同事集体的嫉妒。

（2）与人分享荣誉。与别人分享你所获得的荣誉，感谢他人对你的帮助，往往会减少别人对你的嫉妒。当你获得某种荣誉时，要感谢同事的协助，不要认为这都是自己的功劳，尤其要感谢园领导。如果在你获得荣誉的过程中，同事们确实给过你帮助，那么，你本来就应该感谢他们；如果同事的协助有限，园长也不值得恭维,你的感谢也同样有必要,虽然显得有点虚伪,但可让你避免成为他人的箭靶。很多人上台领奖时,他们首先要讲的话就是:"我很高兴!但我要感谢……"道理就是如此。这种"口惠而实不至"的感谢虽然缺乏"实质"意义,但听到的人心里都很愉快,这样他们就会减少对你的嫉妒,甚至不会嫉妒你了。

(3)为人谦卑。有些幼儿教师一旦获得荣誉,就容易自我膨胀。这种心情是可以理解的,但旁人就遭殃了,他们要忍受你的气焰,又不敢出声,因为你正在风头上。可是慢慢地,他们会在工作上有意无意地抵制你,让你碰钉子。因此,得了荣誉时,你要更加谦卑,不卑不亢不容易,但"卑"绝对胜过"亢",就算"卑"得过分也没关系,别人看到你如此谦卑,当然不会找你的麻烦,和你作对了。

(4)不要凸显你的得意。当你获得了某种荣誉(如公开课获奖、年终获头等奖、年终评上先进、带领孩子们参加体操比赛获得一等奖,等等)时,切忌在同事面前扬扬得意,因为你的欢欣必然换来苦果——这样会刺激其他人,会让嫉妒你的人更加嫉妒你,甚至本来不嫉妒你的人也会对你产生妒意。这样,给你今后与人相处、给你的工作都会带来麻烦。

(5)故意示弱以软化嫉妒。如果你在同事中算是个"强者",那么,可在适当的时候适当地显露你无伤大雅的"短处",好让嫉妒你的人获得一种"毕竟他也不是十全十美"的平衡感。

中国有句成语"大智若愚",其实也是一种向人示弱,不至于锋芒毕露,减少别人嫉妒的方法。

(6)主动帮助对你有妒意的同事。当你能主动帮助对你有妒意的同事时,他们就会感到,你的进步对他们自己也是有益的,因而能够熄灭心中的妒火。我们经常会看到,肯帮助别人的人,"人缘"总比"独来独往"的人好,因为他们受人嫉妒的情况较少。

(7) 热情赞扬对你有妒意的同事。当你热情地赞扬对你有妒意的同事，特别是赞扬他们比你优秀的一面时，会让他们看到自己的长处，进而培养起他们在你面前的自信心和自豪感，这样往往可以或多或少地减弱他们对你的嫉妒。

(8) 不断努力拉大自己与嫉妒者之间的差距。嫉妒往往产生在各方面条件差不多的同事之间。如果同事之间的差距十分巨大，并且这种差距是无法缩小的，那么，这样的同事之间是不可能产生嫉妒的。

因此，你越被嫉妒，就越要发愤，用你的努力让你不断地成功，进而在能力上不断地拉开自己与嫉妒者之间的距离，当你的能力和同事的能力差距足够大时，那么，他们对你的嫉妒就会减弱甚至消失，最终嫉妒有可能发展成为羡慕、崇敬。

应对别人嫉妒的一个策略就是用你的努力将嫉妒者远远地甩在后面。

(9) 对不如意的人要关心。嫉妒你的同事，往往基于对自己的不满足和对别人的不满意，如果你作为"强势者"屈尊一下对处于"弱势"的同事给以关心，可以减弱他们对你的嫉妒。

(10) 以退让处理嫉妒。同事间的嫉妒控制不住，常会使矛盾公开化。如果两者互不相让，矛盾便会进一步被激化。聪明的被嫉妒者应该采用这样的办法：退出矛盾，避其锋芒。退让不仅会使嫉妒的同事冷静下来，也会避免自己失态。

前几天有位学生在网上对我说："我工作做得很出色，但有一个同事经常到处说我的坏话，我很气愤。不过，我一直都没有'以牙还牙'。"我问她为什么不"以牙还牙"，她说："做个善良的人没错！"我为有这样有涵养的学生感到自豪。我跟她说："别人作恶，不能成为我们也作恶的理由，否则，我们和他们就是同类——都是恶人。以德报德是正常现象，以怨报怨是平常现象，以怨报德是反常现象，以德报怨是超常现象，胸怀有多大，事业就有多大！"

【案例】 礼物

佛陀在旅途中碰到一个不喜欢他的人。连续好几天,好长一段路,那人用尽各种办法污蔑他。

最后,佛陀转身问那人:"若有人送你一份礼物,但你拒绝接受,那么这份礼物属于谁呢?"

那人回答:"属于原本送礼的那个人。"

佛陀笑着说:"没错。若我不接受你的谩骂,那你就是在骂自己!"

那人摸摸鼻子走了。

面对恶人的攻击、谩骂,佛陀保持淡定,值得我们思考和学习。

(11) 让时间冲淡嫉妒。对于同事的嫉妒,如果过于计较、过于认真,常会使问题复杂化,以至于后来想挽回时已不可能。如果采用置之不理的办法,"麻木迟钝"一点,时间久了,对方的嫉妒也就会渐渐淡化。

2. 避免自己对别人的嫉妒

(1) 承认客观存在的差距。俗话说,人比人,气死人。由于先天和后天的诸多因素不一样,人们在发展过程中必然会出现各种差距,这种差距是客观存在的。例如,某同事的父母都是从事艺术工作的,由于遗传和生活环境的熏陶,这个同事的艺术才能超过我们一般人,在幼儿园艺术活动中表现活跃,其他同事承认这一客观差距,也就不会产生嫉妒了。再如,某同事天生丽质,每次外事接待活动中,她都十分风光,长相条件较差的同事承认客观存在的差距,肯定也不会去嫉妒她的。

(2) 在友好竞争中缩小差距。承认差距不等于无能为力、无所作为、自甘落后,我们应该经过自身的刻苦努力,缩小差距,后来居上。承认差距,当奋力赶上,把嫉妒之心化为参与竞争的动力。竞争是医治嫉妒病的特效药,嫉妒是无能和自私的化合物。在竞争中，自我的能力得到开发，自身的价值得到体现，嫉妒自然也得以消除。

当然，努力了还有差距，也应该接受，因为有些差距不是通过努力就能缩小的。

(3) 要看到自己的长处。"天生我材必有用"，"各人头上一方天"，你有你的长处，我有我的优势，你有你的目标，我有我的追求。世界上没有两片相同的叶子，也没有完全相同的人。每个人都有自己的优势和劣势，不要拿自己的劣势与别人的优势比，要多看到自己的优势，并且努力把自己的优势发挥出来，这样自信心自然就有了。有了强大的自信心之后，你就会不那么容易嫉妒别人。嫉妒别人往往是自信心不足的表现。

拿出一张纸，在上面书写出你的5点优势，然后确定其中的一点作为发展的突破口——集中精力把自己某一方面的优势发挥到极致——有此作为支撑，自信心会更加强大，你就不会嫉妒别人。

(4) 专注于自己的学习和工作。培根说："每一个埋头沉入自己事业的人，是没有工夫去嫉妒别人的。因为嫉妒是一种游荡的情欲，能享有的只能是闲人。"只要专注于自己选择的目标和从事的事业，全身心地投入，孜孜不倦地钻研，就会获得成功的喜悦，也就无暇嫉妒别人了。

(5) 把对手看作竞争伙伴，而非敌人。

【案例】 羚羊与狼的启示

一位动物学家在考察生活于非洲奥兰洽河两岸的动物时，注意到河东岸和河西岸的羚羊大不一样，前者的繁殖能力比后者强，而且奔跑速度更快，每分钟要多跑13米。他感到十分奇怪：既然环境和食物二者相同，差别何以如此之大呢？

为了解开这个谜，动物学家和当地动物保护协会进行了一项实验：在河两岸分别捉10只羚羊送到对岸生活。结果送到西岸的羚羊繁殖到了14只，而送到东岸的羚羊只剩下3只，另外7只被狼吃掉了。谜底终于揭开了，原来东岸的羚羊之所以身体强健是因为它们附近居住着一群狼，这使得羚羊天天处在"竞争氛围"之中。为了生存下去，它们变得越来越有战斗力。而西岸的羚羊长得弱不禁风，恰恰就是因为缺少天敌，没有生存压力。

在工作上有了对手，或暗暗找个对手作为激发自己奋进的动力，是提高自己竞争力的最好办法。要把对手当作自己的竞争伙伴，而不是当作敌人，要羡慕而不是嫉妒，要通过公平的竞争来锻炼自己超越他人。要学会"尊重对手、珍惜对手，甚至热爱对手"。有了这样的认识，你就不会嫉妒你的具有竞争力的同事了。

（十三）不要轻易得罪同事

在与同事交往中，不要轻易得罪同事，因为得罪一个人就等于为自己堵了一条去路。得罪君子，了不起大家不讲话，各干各的；而得罪一个小人（指那些喜欢造谣生事、挑拨离间、阳奉阴违的人），就等于为自己埋下了一颗不定时的炸弹，即使他不采取报复行动，也要在背后没完没了地对你造谣中伤，令你防不胜防。应对小人的原则是：①不得罪他们。②吃些小亏无妨。小人得罪你，如果是小亏，你去讲公道，反而会结下更大的仇。所以原谅他们吧。③保持距离。当然，也不要拉得太远，否则他会这样想："你有什么了不起的？"于是你就要倒霉。④小心说话。说些"今天天气很好"的话就可以了，如果谈别人的隐私，谈了某人的不是，或是发某些牢骚或不平，这些话绝对会变成他们兴风作浪和在必要时整你的资料。

平时不要介入教师之间的纠纷，遇到其他老师议论同事的是非，不要迎合和参与，不要轻易做出评判。

不要非议你的同事。要坚持在背后说别人的好话,别担心这样的好话传不到当事人的耳朵里。从某种意义上说,在背后非议你的同事,是一种不道德的行为。

在与同事相处时,有些老师总想在嘴巴上占便宜。有些老师喜欢争辩,有理要争理,没理也要争三分;有些老师不论是谈论国家大事,还是谈论日常生活小事,一见对方有破绽,就死死抓住不放,非要让对方败下阵来不可;有些老师常常主动出击,别人不说他们,他们总是先说别人……如此的处事方式会让他们在同事中成为孤家寡人,做事时常碰壁——有时候碰壁了,也不知道碰了哪里的壁,因为他的周围到处都是壁。

(十四)在与同事交往中多使用文明礼貌用语

俗话说,礼多人不怪。文明礼貌用语的使用,有利于幼儿教师与同事建立积极的互动关系。下面向大家提供相关的文明礼貌用语和忌语,供大家与同事交往时参考使用。

1. 协商解决问题的文明礼貌用语

"对不起,我认为这件事的解决办法是……"

"我能说说我的想法吗?"

"看来在这个问题上我们有不同的看法,还需进一步商讨。"

2. 相互帮助的文明礼貌用语

"需要我帮助吗?"

"不用谢,这是我应该做的。"

"××,麻烦你帮我一下,好吗?"

"不好意思,麻烦你了。"

"谢谢!你辛苦了。"

"今天她不在,有什么事我可以帮你转告。"

3. 相互学习的文明礼貌用语

"你的方法很值得我学习。"

"有不懂的地方你尽管问，我会尽量帮助你的。"

"让我们共同学习、共同进步。"

"对不起，我没听明白，请你再讲一遍。"

"你真内行！"

4. 肯定、鼓励与支持的文明礼貌用语

"你的想法很独到，好！"

"别着急，再想一想，肯定有办法的。"

"我会尽量帮助你的。"

5. 教师对同事的忌语

"今天你带班，这事该你做。"

"不是我带班，关我什么事。"

"你连这么简单的事都办不好。"

"你怎么做事老是拖拖拉拉的。"

"我就是这个态度，你去找领导好了。"

"这事我不知道，你别问我。"

"我正忙着，你的眼睛没看见？"

"你唠叨什么，要你来指挥我？"

人见人爱的23条原则

（1）如果长得不好，就让自己有才气；如果才气也没有，那就总是微笑。

（2）气质是关键。如果时尚学不好，宁愿淳朴。

（3）与人握手时，可多握一会儿。真诚是宝。

（4）不必什么都用"我"做主语。

(5) 与人打的时,请抢先坐在司机旁。

(6) 坚持在背后说别人的好话,别担心这样的好话传不到当事人的耳朵里。

(7) 有人在你面前说某人的坏话时,你只微笑。

(8) 同事生病时,去探望他。很自然地和他握手,回家后再认真洗手。

(9) 不要把过去的事全让人知道。

(10) 尊敬不喜欢你的人。

(11) 对事不对人;或对事无情,对人要有情;或做人第一,做事第二。

(12) 自我批评总能让人相信,自我表扬则不然。

(13) 没有什么比围观者们更能提高你的保龄球成绩了。所以,平常不要吝惜你的喝彩声。

(14) 不要把别人的好视为理所当然。要知道感恩。

(15) 学会聆听。榕树上的"八哥"在讲,只讲不听,结果乱成一团。

(16) 尊重传达室里的师傅及打扫卫生的阿姨。

(17) 说话的时候记得常用"我们"开头。

(18) 为每一位上台唱歌的人鼓掌。

(19) 有时要明知故问:你的钻戒很贵吧? 有时,即使想问也不能问,比如:你多大了?

(20) 言多必失,在人多的场合少说话。

(21) 把未出口的"不"改成:"这需要时间","我尽力","我不确定","当我决定后,会给你打电话"。

(22) 不要期望所有人都喜欢你,那是不可能的,让大多数人喜欢就是成功的表现。

(23) 自己要喜欢自己。

本章参考文献

莫源秋. 做幼儿喜爱的魅力教师[M]. 北京：中国轻工业出版社，2010：23–27，218–222.

第五章　基于快乐的教师与园领导互动关系的建构

　　幼儿教师大都很在乎园领导的态度,对园领导给予他们的评价也很敏感。有一位幼儿教师说:"现在年龄大了,也想得多了,有时领导的一句话都会让我想半天:他为什么这样讲?是不是针对我的?"可以说,园领导在某种程度上影响着教师的职业快乐和幸福。

一、与园领导互动中的快乐与不快乐

　　园领导能给幼儿教师带来快乐,也能带来烦恼。

(一)与园领导互动中的快乐

　　调查发现,幼儿教师与园领导互动中的快乐主要来自以下七个方面:

1. 园领导的赏识

比如,有一位老师说:"记得刚到幼儿园的第一年,园长分配我担任大班的班主任。接到这个任务,我心里既高兴又担心。老园长看出了我的心事,找我去谈心,并告诉我:'我之所以让你带这个班,是因为我知道你有能力,一定会干得很出色……'听了这席话,我不再担心什么了,反而对前途充满了信心,有一种特别的兴奋和感动。"

2. 不辜负园领导的委托

比如,有一位老师说:"我来园工作第二年就被园长委托代表我园参加全市的优质课比赛。当时,有不少老师很羡慕甚至嫉妒我,最后我没有辜负园长的期望,获得了全市优质课比赛的一等奖,并且是第二名。当时我高兴极了。我从市里领回荣誉证书后,园长还在全园大会上十分隆重地奖励我,说这是我们幼儿园在相关的比赛中获得的最好名次。"

3. 工作得到园领导的认可

比如,有一位老师说:"虽然平时工作很辛苦,但我每年的年终奖拿的都是一等奖,虽然一等奖与二等奖仅差500元,可是我内心里还是美滋滋的,因为一等奖代表园领导对我工作成绩的认可和肯定。"

4. 专业发展得到园领导的支持

比如,有一位老师说:"领导很重视我们的专业发展,经常派我们到外面观摩学习,对我们提高学历还给予相应的奖励,这使我们的专业能力得到了快速的发展。与其他幼儿园相比,我们在这方面的机会要多得多,这是很令人高兴的。"

5. 与园领导有共同的爱好

比如,有一位老师说:"我们几个老师和园领导很合得来,我们经常一起打牌、一起郊游、一起逛街,我们就像亲姐妹一样。"

6. 得到园领导的关心

比如，有一位老师说："我的第一份感动来自刚刚参加工作时的一件事。那次，我病得很厉害，家人又不在身边，是园长坚持陪着我去医院看病，为我跑前跑后，为我拿了药，又送我回宿舍。当时我哭了，不是由于身体不舒服，而是心里特感动。"

7. 自己在园领导心中有位置

比如，有一位老师说："只要有上公开课的机会，只要有外出参观学习的机会，园领导时常首先想到的就是我。这让我感受到了园领导的关注和认可。这种感觉能带来持久的幸福体验。"

（二）与园领导互动中的不快乐

调查发现，幼儿教师与园领导互动中的不快乐主要来自以下六个方面：

1. 工作能力得不到园领导的承认

比如，有一位老师说："我在幼儿园工作近十年了，但园领导没有给我一次上公开课的机会。每次向她们提出上公开课的要求，她们都很不客气地说我不够格。真让人感到压抑。"

还有一位老师说："我来幼儿园工作六年多了，还没有被园领导表扬过一次，真是郁闷。"

2. 关键时刻园领导没有在家长面前为老师说一句公道话

比如，有一位老师说："班里的一个孩子，自己在教室里摔倒了，嘴唇磕破了，开始没有肿，我就领他到保健室去处理了一下。到下午家长来接的时候，孩子的嘴唇有点肿起来了，我向孩子的妈妈说明了原因并道了歉。我以为这事就这样了结了，没想到过了一会儿，孩子的爸爸来兴师问罪了，任你说尽百般好话，孩子的爸爸就是听不进去，生气地说：'老师狡辩，没有能力管好孩子就不配做老师，没想到老师的素质这么差！！'而过来看'热闹'

的园长此时不仅不为我说话,还批评我:'这只能怪你的安全意识不够,以后小心点!!'这让我感到很憋屈!"

3. 园领导叫教师做推销员

比如,有一位老师说:"有时候,园长给教师们布置的任务,让我们很没尊严,比如,让我们教师向家长推销课程、推销图书、推销园服、推销学具……真是斯文扫地!"

4. 园领导过分迎合家长的要求

比如,有一位老师说:"我们园长常常挂在嘴边的口号是'家长是我们幼儿园的上帝,家长永远是对的'。为了迎合家长的要求,园长要求我们做不符合儿童发展规律的事:教孩子认字写字、学习拼音、学习算术,并且通过对幼儿进行这些知识的考核来定我们的奖金。这让我们工作得很纠结。"

5. 园领导处事不公平

比如,有一位老师说:"幼儿园里有'好处'都是那几个跟园领导关系好的教师得到,我们再努力也没有用。真是有点绝望呀。"

6. 园领导不尊重教师的休息权

比如,有一位老师说:"明天星期六,可是我得去加班,是园长安排的。从我家坐车去幼儿园要一个多小时,去幼儿园加班'学习'要两个小时,回家的路上又要一个小时。我们的老师都说,这两个小时的学习明明可以放在平时的工作时间来进行,为什么要浪费大家的休息时间呢?!我真希望过正常人的生活——上班工作,下班则过一种自由的生活。我们不想加班,可是我们却时常'被加班'!!"

二、教师和园领导之间建立快乐互动关系的策略与措施

和园领导建立良好的人际关系，对幼儿教师自己有许多"好处"：自我价值比较容易得到承认；工作和生活上比较容易得到园领导在物质与精神上的支持；自己的幼儿教育才能比较容易得到发挥；自己的教育理念比较容易实现……

（一）自己的功劳、苦劳要让园领导看得见

常言说，有所为，才会有所位。但如果你所为未能为你的园领导所见，那么，你就很难得到相应的"位"。现实中，有些教师只会埋头干活，不会在园领导面前展示自己所为，因而并没有得到园领导的赏识和支持。这些教师在幼儿园里经常有"怀才不遇"的感觉，日子过得相当压抑。因此，幼儿教师不能只一味地埋头苦干，而要学会一些展现自己功劳和苦劳的艺术。

1. 让园领导清楚地了解你所做的工作

比如，邀请园领导参观你精心准备的活动室环境，邀请园领导到班上观摩你的某些具有创新意义的教育举措，并谦虚地请他们多提宝贵意见；利用好各种全园性展示机会（如早操展示、舞蹈展示、观摩课、各种班级比赛活动、各种教师个人比赛活动）展示你的教育教学能力和教育教学成果。

2. 让新来的园领导参观你的班级，并请他提些建议

这样做会加深你在新领导心中的印象，同时也体现了你对新领导的尊重，有利于你与新领导建立良好的互动关系。

3. 主动与园领导交流

埋头苦干了一年，或许你会发现，虽然你是最任劳任怨、最辛苦的那

一个，而在加薪升职时，却不是最先被考虑的那一个。原因在于，你的成绩园领导没有看到。因此，你要学会"说"出你的成绩，学会表现自己。但是，在哪种场合说、如何表现，这实在是一门艺术——做到位，能锦上添花；说错话，则会弄巧成拙。因此，我们在向园领导"说"成绩时应该注意以下几点：

（1）得到家长的好评、孩子的好评要及时与园领导分享。园领导都希望老师的工作能得到社会的认可，你的工作得到家长和孩子的好评，你心里高兴，园领导了解后会更高兴。

（2）定期向园领导汇报工作中的收获与困惑。向园领导汇报你工作中的收获，有利于其知晓你的成绩；向园领导汇报你工作中的困惑和面临的困难，有利于其全面了解你的工作情况。这种汇报沟通，有利于加深园领导对你和你的工作的认识，同时还有利于增进你与园领导的感情，有助于你工作的开展。这种咨询与汇报既代表着你对园领导的尊重，也是让园领导了解你正在做的努力。

（3）借同事说。

如果你是一个羞于表现自己的人，那么，在同事中找到一个心心相印者，借他的口说自己的话，是再好不过的事情了。当然，"借同事说"的前提之一是，作为教师的你，确实在做事，且做得不错。

我的建议是除了做得好，还要说得好。这"说"也不是什么大难事，途径有很多，比如每个月写一份书面的工作总结、开会时积极发言、经常找园领导汇报工作等。总之，把自己的成绩说出来，让园领导注意到你！当然，切忌言过其实、夸夸其谈。记住，到位的表达也是一种能力。

（二）主动去做"苦差事"

有时候，园领导布置的某些工作是每个人都不想做的"令人讨厌的工作"，大家对这样的"苦差事"都是唯恐避之不及的态度。但在这种情况下，如果你主动去做这些没有人愿意做的工作,不但会赢得同事的尊敬,还能得到园领导的认同和赏识。

"苦差事"是你展露才华、勇气的大好机会。有时,即使你有这份心,也未必有这样的差事让你做。所以,当碰到了这样展示自我的机会时,你一定要好好把握。

常言道:"吃亏是福。"在"苦差事"面前,你敢于吃亏,做出与常人不同的选择,你就有脱颖而出的机会。你能主动接受"苦差事",并能从中体会到无穷的乐趣,你就能达到他人所无法达到的境界,获得他人得不到的丰厚回报。

(三)适度地赞美园领导

扪心自问,多长时间你没有赞美你的园领导了?我们渴望得到园领导的赞美,但我们首先要学会赞美领导。

能做园领导,必然有他的过人之处,适度地赞美园领导,你会发现园领导也会赞美你。

适度的赞美不是溜须拍马。别千方百计地讨好园领导,更不要牺牲同事来博取园领导的欢心。但也不要吝啬对园领导的夸奖。当园领导有奇思妙想的时候,当幼儿园获得荣誉的时候,适当地向他表示你的赞美不算是溜须拍马。当然,过分地吹捧效果会适得其反。记住,真正有主见、有能力的园领导是不喜欢马屁精的。

另外,在寻找赞美园领导的内容方面,有一个技巧就是:开学的第一周,不时地问问新来的同事,看看他们发现园领导有哪些优点、缺点和特点,利用这些信息你会发现园领导新的积极的一面,这样,你的赞美更会令园领导惊喜。

最好的赞美方式是在背后向别人宣传园领导的良好品质,然后由他人把"好话"传到园领导的耳朵里——这种赞美方式更令园领导感到高兴。

（四）关心园领导，感恩园领导

园领导也是平常人，他们也需要关心。

（1）园领导生病了，要打个电话去问候一声。

（2）得到园领导的嘉奖或"重用"，要真诚地说声"谢谢"。

（3）了解园领导的处境，尽力帮助他。

园领导在工作出现失误时，不要持幸灾乐祸或冷眼旁观的态度，如果你能体谅园领导的处境，并且在他需要的时候伸出援助之手，那么你定会得到园领导的信任，以后他也会对你另眼相看。

（五）尊重园领导

1. 尊重园领导的决定

在园领导没有做出决定之前，有什么意见和建议尽管提出，但一旦他拿定主意，你就不要再争论。园领导考虑的是全局，与你的个人意见有冲突也在所难免。有意见当面提，不要背后议论园领导的"不是"。

2. 不要和园领导对着干

有些幼儿教师不喜欢园领导的为人和做事风格，他们时常有意无意地与领导作对——"领导支持的我都要反对"，他们自以为是"英雄"，但他们在幼儿园的生活质量受到严重的影响——他们一见到领导就不高兴，就反感，就脸色难看，可是他们每天又不得不面对园领导，这使得他们在上班时间，甚至在其他时间，都很难有好心情。

我们无法改变园领导，但我们可以选择接受园领导——接受他们的优点，接受他们的缺点——接受他们的一切，只有这样，我们才能在内心深处与他们和平、友好相处。

3. 对园领导不要抱怨

多看园领导的优点，多一份对园领导的体谅，对园领导不要总是发牢骚，不要只提出问题，而更要积极地提出解决问题的方案。这种积极态度有利于我们与园领导建立积极的人际关系。

4. 不要绕过园领导上告

对园领导有什么意见，有什么想法，应积极地与其直接沟通，避免绕过园领导向上级部门告状——除非你做好了告状后，不是你走人，就是园领导走人的充分准备。因为越级告状会让你和园领导的关系彻底僵掉。

5. 正确处理与园领导的分歧

园领导毕竟是你的上级，你要对他表示尊敬，也要对他的意见表示尊重。当你和园领导的意见有分歧时，不能当着众人的面顶撞他或与他争论，这样会让他觉得很没有面子，下不了台，只会让他对你没有好感。最好是私下里和他交流，说话时还要采用一定的技巧，不能伤及他的尊严。这样做，不仅能照顾他的面子，对你自身也会产生好的影响。

（六）培养与园领导类似的兴趣爱好

了解园领导的兴趣爱好，然后培养与其相同的兴趣爱好。这样可以增加自己与园领导的交往机会，同时，也能增加交往过程中的共同语言，进而增进与园领导的相互了解，促进与园领导的良性互动。

（七）在园领导面前要保持尊严

在园领导面前，要不卑不亢，不要见了园领导就畏惧。一个在园领导面前战战兢兢的人，是不会得到园领导欣赏的，他也不会与你建立友好的关系。

（八）正确对待园领导的"高要求"

有时园领导会向教师提出一些过高的要求——时间紧，任务重，对此有些教师很有情绪，甚至直接把园领导交代的任务顶回去。客观地说，园领导把重任委托给你，是觉得你有能力；如果园领导不再把重任压给你了，说明他已不相信你的能力了。从积极的角度来看，承担重任，有利于教师专业能力的快速成长。承担的任务越多，承担的任务越重，教师的专业能力提升得越快。因此，被园领导委以重任，要积极面对，并努力完成。

（九）借鉴别人的经验

有机会找那些与园领导关系较好的的同事聊聊，看看他们在处理与园领导关系方面有何值得借鉴的经验。说不定，你会从中找到你与园领导友好交往的窍门。

与园领导搞好了关系，你就能为自己的工作添加一份人际的温暖，进而能享受到工作和生活中的无穷乐趣。

三、园领导与教师建立快乐互动关系的策略与措施

在幼儿教师与园领导之间建立快乐互动关系，单靠幼儿教师一方面去努力，效果是十分有限的。另外，在园领导和幼儿教师之间建构起快乐的互动关系，也有利于管理工作的顺利开展。在某种程度上，园领导对幼儿教师与园领导之间快乐互动关系的建构起着主导作用，因此，园领导要努力为快乐的互动关系的建构做贡献。

(一) 关注幼儿教师的需要

幼儿教师的各种需要在幼儿园工作中都得到了适当的满足，这样，他们工作起来才会安心、舒心。

1. 充分关照教师的生理需要

马斯洛认为，人类必须先谋求如饮食、性的宣泄、休息睡眠、遮挡风雨的需要，只有这些最基本的需要得到最起码的满足后，才会向较高层次的需要迈进。因此，对一位连温饱问题都未解决的教师高谈工作的成就感，大概只能从他疲惫的眼神中看到厌烦与愤懑。教师在进入更高层次的需要之前，主要是在为满足上述需要而努力。当教师被生理需要所激励时，他并不一定是在关心工作本身，而可能会接受任何能满足上述需要的工作。这就提示园领导在管理过程中一定要努力从物质条件上满足教师，因为这是教师产生更高层次需要的基础。

据了解，当前幼儿教师最基本的生理需要满足的情况并不十分令人满意。

我到幼儿园见习时遇到一件事情。有一位教师"藏饭"（幼儿园规定教师只能早中餐在幼儿园吃，晚餐则不能，于是有些教师为了"节省"开支，在给孩子们分饭时用饭盒装些饭菜留到晚上吃），被园长发现了。园长当场大发雷霆。当我了解到该教师是位没有"入编"的教师，月薪1050元，她家上有老，下有小，老公还下岗待业在家，我想：如果这位教师衣食无忧，她会冒着失去尊严的风险这样做吗？教师基本生活需要的满足都有问题，我们如何让教师有尊严地生活呢？！因此，园长应该关注并努力满足教师的基本生活需要。

有位幼儿教师说："课改后，我每天要提一个问题，每星期要写一篇反思，每个月要做一个案例……我要从早7:30跟班到下午5:40，我要制作课件，我要写出每一个孩子的发育情况……我天天写，我利用中午写，我利用晚上写，我还要抽时间陪孩子、照顾家,我还要自学。我只知道忙,忙,还是忙……"

还有位幼儿教师在网上这样写道:"现在回到家就关起房门,为一堆计划、观察、反思而奋笔疾书,在家平均每天说话不超过5句,累了一天,实在没时间、没力气说话了……"

在这里我想说,教师连最基本的休息权利都没有,他们天天都忙于应付各种事务,所以许多教师都有逃离幼儿园的想法。

所以我呼吁,园领导应该尽可能地给教师减负,教师的核心任务是带好班,教育好孩子们,其他与此无关的事都不应让教师去做。这样,我们的事业才能留得住人。

2. 让教师工作得安心

当一个人的生理需要得到了一定的满足之后,他就想满足安全的需要,即不仅考虑到眼前,而且考虑到今后,考虑自己的身体免遭危险,考虑已获得的基本生理需要及其他的一切不再丧失和被剥夺。例如,要求摆脱失业的威胁,要求在生病及年老时生活有保障,要求工作安全并免于职业病的危害,希望解除严格的监督以及不公正的待遇等。当教师为安全需要所困时,其在工作中既不注意创新,也不会冒险,他们只能为了安全——不出事故、不被解雇而保守地工作。从安全需要的角度来看,"教师宁可将幼儿关在教室里,也不愿让他们到外面去'疯'"是可以理解的。当教师出现这种"保守"做法时,园领导与其责怪教师不关心幼儿的发展,还不如为教师创造一个更加安全的教育环境,后者更能解决实际问题。

为了满足教师的安全需要,幼儿园应该为教师投保——养老保险、失业保险、医疗保险、责任事故保险等,以此来减少教师对风险的恐惧;园领导不要时不时地用"下岗"来威胁教师——幼儿教师普遍工资低,并且比较辛苦,如果这个职业比较稳定,对教师来说还是有一定吸引力的,但是如果整天受到"下岗"的威胁,幼儿教师这一职业的吸引力将大打折扣。

另外，为了给教师创造一个比较轻松的、具有安全感的工作环境，幼儿园不应该在教室等教师工作的环境里安装具有监视功能的摄像头，否则会让教师总觉得"每天都有一双眼睛盯着我"。心不安，教师怎么能专注于工作？心不安，教师怎么能有一流的工作质量？

3. 让教师在幼儿园找到归属感

友谊、关爱与归属感的需要，是人类群体性的升华。人类是有感情的动物，希望与别人进行交往，避免孤独；希望与伙伴和同事和睦相处，关系融洽；希望归属于一个团体以得到关心、爱护、支持、友谊和忠诚。在幼儿园中，教师希望被同事接纳，进而培养融洽的人际关系，这都是此类心理需要的具体表现。

园领导应努力各种创造条件，让每位教师都融入到集体中去，真正成为集体中的一员。为此，幼儿园可以经常组织联谊活动或组织联谊性社团，如，成立以自愿参加为基础的"自组织教研小组"，定期或不定期地开展活动，还可以通过工会经常组织大家开展聚餐、外出旅游、打牌、打球等娱乐活动，让大家经常有机会聚在一起活动和沟通，这有利于满足教师的归属需要。当归属需要成为主要的激励来源时，教师会把工作视为建立温馨、友善的人际关系的契机。

园领导还可以采取"走动管理的方式"——抽空到各个班去走走，到各教研组去走走，看看教师的工作；抽空与教师吃个午餐、喝杯咖啡……经常与教师保持一种良好的沟通状态，这有利于培养教师对幼儿园的归属感。

4. 让教师工作、生活得有尊严

尊重需要，就是希望被他人认为有价值、有能力、可信赖。教师希望自己在同事中有较高的地位、声望，从而得到别人的尊重并发挥一定的影响力，这就是尊重需要的表现。

园领导可以通过以下方式来满足教师的尊重需要：

（1）公开表扬奖励工作成绩突出的教师。表扬奖励的方式可以是面对面称赞、当众夸奖、通报表扬、举行庆功会等，也可以是给其家人写信或打电话称赞其工作做得好，或是邀请其家人到单位来参加表彰大会等。有时候，群众的掌声比物质奖励更能给教师带来心灵上的满足。

（2）采用不同的方式表扬和批评教师。有位园长说："尊重教师就应该：表扬时用高音喇叭说，批评时在电话里说。"这是有一定道理的。

（3）每月至少对每位教师的进步进行一次肯定并表达对他们的感激。这样会使教师感受到园领导对他们的关注和赞赏，增强工作的积极性，从而激励他们天天向上、月月向上。

（4）经常用商量的口气和教师谈话。布置工作一般要采取商量的口气。不要以为自己是领导，就采取不容商量的口气与教师沟通。商量，是对教师的一种尊重，可以调动教师的积极性，引导他们谈出自己的想法和意见；相反，命令意味着只有服从和执行，不利于集思广益，也不利于调动教师的积极性。不要对教师说："绝对不行，就得这样"；"这事就这么定了，你还啰唆什么"；"不用讨论了，就是这样了"。而应说："这是我的想法"，"依我之见"，"在我看来"。这种让教师也有参与感的话语，等于是在告诉他们："你们也很重要，你们的观点与感觉值得尊重。"

（5）确立"教师第一"的理念。全球三大旅游公司之一的罗森柏斯公司，以重视员工的人性化管理而著称。公司总裁罗森柏斯出版了《顾客第二》这本畅销书，该书对一直被奉为金科玉律的"顾客是上帝"的经营理念进行了大胆的修正和挑战，旗帜鲜明地提出了"员工第一、顾客第二"的新理念。公司管理者认为，只有把员工摆在第一的位置，才能使员工以饱满的热情投入工作，把一流的产品、一流的服务提供给顾客。我们也主张幼儿园领导树立"教师第一"的理念，只有把教师摆在第一的位置，才能使教师以饱满的热情投入幼儿教育工作，为孩子及其家长提供一流的服务。

5. 让教师在工作中实现自我价值

自我实现的需要就是要实现个人的理想和抱负，最大限度地发挥个人潜力并获得成就，实现自我价值。具有自我实现需要的人，往往把工作中取得的成就本身看得比成功以后所得到的报酬更为重要，把工作中的自我成长看得比工作后所得到的报酬更为重要。

因此，对于具有自我实现愿望的教师来说，园领导的主要任务不是对教师进行指挥和控制，而是为其创造适宜的工作环境、工作条件，排除教师在自我实现过程中所遇到的障碍和困难，使教师能够发挥自己的潜力和才能，充分发挥个人的特长和创造力。

园领导是教师自我实现的促进者和支持者，要设法创造教师"自我实现"的机会，让他们获得成功、获得发展。比如，要创造各种机会，让不同层次的教师都有进修提高业务水平的机会，同时，还要引导教师制订自己的专业发展规划，认真做好教师的专业发展工作，努力提高教师的专业能力，让他们有自我实现的"资本"；组织、鼓励、支持教师参加各种竞赛，让他们在各类竞赛中获得成功，获得自信；组织幼儿园内的各种评优活动，提供更多的成功机会；帮助教师提炼自己的教育教学特色，让每位教师都看到自己的闪光点，并形成自己的教育教学特长，都能自信地工作、自信地生活。

各幼儿园的情况不同，提供的机会也不同。评优时要多考虑"中间层"，让中间层多出头。教师最大的需要是在工作中获得他人的尊重、在成功中感受到他人的尊重，得到他人的尊重是教师最大的满足。园领导应根据教师不同的能力水平，安排相应的具有挑战性的任务，为他们展示自我和发展自我提供机会。比如，某教师业务能力强，可安排他担任教研组组长；某教师有舞蹈特长，可安排他担任舞蹈训练组组长；某教师有绘画特长，可鼓励他根据幼儿的特点开办绘画兴趣班；对于有研究兴趣和能力的教师，则成立研究小组由其负责，等等。这样可以使大多数教师在工作中找到乐趣，把繁重的任务当成快乐的事情来做。

幼儿教师的各项需要在幼儿园工作中都得到相应的关照后,他们就会拥有安全感、归属感、成就感、尊严感、自豪感,他们就会感受到从事幼教工作是幸福快乐的。

(二)关心、呵护要让幼儿教师感觉得到

(1)对教师要体贴入微。情感是一种巨大的力量。园领导要关心和体贴教师的工作、学习和生活,要经常了解他们的想法:他们目前在想什么,他们最关心的问题是什么,他们有什么困难需要解决,等等。如果园领导真正这样做了,上下级之间的关系一定会更加亲密、愉快。

(2)每周至少帮助一位教师解决一个困难——帮助他们解决生活上、教学上、精神上的困难。

(3)让你遇到的教师因你而快乐——多给教师带来一些快乐,而不应让你的出现给教师带来烦恼、痛苦、压抑。

(4)每月对一个有特殊困难的教师表示你的关心,并且尽力帮助他——雪中送炭会使教师深受感动,工作再苦再累,其内心也是甜的。

(5)在教师难过或者繁忙的时候,适当地给他们一些意想不到的惊喜。如在教师过生日时,给他一个惊喜(以某种意想不到的礼物或祝贺方式)——这样会使教师年年快乐;给教师打个电话,告诉他你很欣赏他做事的某种方法;给新教师一句赞美的话;替教师取信,亲自送给他;给心情不好的教师一份不署名的小礼物;送教师一本他喜欢的图书、杂志;外出午餐时,带一份冰激凌给值班的教师。

(6)自己出差时,带些小礼物送给教师——表明你心中是时常装着他们的。

(7)通过手机短信、电子邮件、QQ、博客等,在园长和教师之间进行快

乐传输——传输一些幽默风趣的短信、图片等，这对形成积极轻松的心理气氛有好处。

（8）不妨自己取笑一下自己，自己轻松一点，教师就比较容易轻松起来，工作的乐趣也就相对增加了。

（9）经常开展一些不需要特别的技能技巧的、人人都有同等获胜机会的趣味竞赛活动，让教师乐在其中，其紧张的情绪也会得到较好的宣泄。

（10）不管你有什么委屈，永远用笑脸面对教师。特别是在与教师发生争执时，作为领导者头脑一定要冷静，要用理智控制感情，先让教师把话讲完，然后再根据具体情况，心平气和地妥善处理。千万不可随意地对教师发火，否则很容易和教师产生心灵的隔阂。

（11）回想自己过去得到的教师的帮助，对教师心存感激。这样会使我们十分珍惜我们的教师，在面对各种分歧与矛盾时，才会心平气和，才不会以怨报怨。

（12）要勇于认错，诚实可信。在管理过程中，就算是再有能力、再细心的园领导，也难免会出现工作失误。如果园领导自己确有错误，那就不能为维护自己所谓的"威信"而滥用职权、强词夺理、以势压人，更不能怀有成见、耿耿于怀、利用机会给人"穿小鞋"。这样只会加大园领导与教师之间的心理距离，无益于工作的开展。正确的做法是发现自己有错，就勇于承认，及时改正。这样才能体现园领导的开阔胸怀，与这样诚实可信的园领导打交道，教师才会有心理上的安全感。

（13）处理好与"亲者"和"疏者"的关系。一是保持与"亲者"的距离。"亲者"是指与园领导观点相近、接触较多者。明智的园领导应与亲者保持一定的距离，这样做有利于团结大多数人和客观地观察问题、冷静地处理内部关系，避免因迁就亲者而陷入泥潭，并有利于与教师保持深沉、持久、真挚的关系。成功的园领导应以一种超然的、不受感情影响的方式看待与教师的关系。我们提倡园长要与教师打成一片、赤诚相见，对教师不分亲疏、爱护团结、一视同仁。二是正确对待"疏者"。"疏者"是指反对自己或者有不同意见的教师。园领导应该看到，疏者往往是使自己的工作取得成功的重要因素。因此，园领导要客观、公正地对待疏者，将疏者当作纠正自己各种缺点的良药。

只要用心，经过园领导和教师的共同努力，园领导与教师之间肯定能形成一种和谐、快乐的互动关系，教师和园领导在幼儿园工作将会更快乐。

本章参考文献

[1] 教师职业与健康指导小组，编.教师快乐工作手册[M].沈阳：辽海出版社，2011：133–134.

[2] 莫源秋.需要层次满足：幼儿园教师管理的核心[J].教育导刊：幼儿教育，2006（11）：33–35.

[3] 莫源秋.园长应从细微处关心教师的心理健康[J].当代学前教育，2007（1）：13–14.

[4] 莫源秋.做幼儿喜爱的魅力教师[M].北京：中国轻工业出版社，2010：221–223.

[5] Saifer S.幼儿教师工作高效应对策略[M].曹宇，译.北京：中国轻工业出版社，2012：245–247.

第六章　基于快乐的家园互动关系的建构

幼儿教师和家长实际上是教育伙伴,他们有一个共同的话题——孩子,他们有一个共同的追求目标——孩子的健康成长。幼儿教师与家长建立积极的互动关系,既有利于有效地促进幼儿的健康发展,又有利于减轻幼儿教师的工作阻力,提高教育工作的成效,进而提高幼儿教师的工作成就感,增进幼儿教师的职业幸福感。因此,幼儿教师要努力与家长建构一种积极的互动关系,也要引导家长为此而努力。

一、家园互动中的快乐与不快乐

虽然说幼儿教师和家长是合作伙伴,但他们的观念和期待不一样,因此,他们之间既有快乐,也有烦恼。

(一)家园互动中的快乐

调查发现,幼儿教师在家园互动中感受到的快乐主要来自以下八个方面:

1. 工作得到家长的支持和配合

工作得到家长的支持和配合,会让教育取得事半功倍的效果,这样会让幼儿教师因工作顺心而开心。比如，在调查问卷中有的幼儿教师给出了以下答案：

"最让我高兴的事情是工作得到家长的支持与配合。比如，每次开展主题活动，让家长配合收集材料和相关的信息，家长们都能积极配合；大班开展'亲子活动'时全班家长都积极来参加，使活动在愉快的气氛中圆满结束。"

"每一次开展主题活动、做新的早操道具和'六一'晚会服装道具，家长们都能积极配合，给予帮助，我心里充满感激，更为我从事这一职业而高兴。"

"每次园里或班级中开展各项活动，家长们都很支持、配合。对于幼儿出现的问题，家长也能与老师共同商量、及时解决，这是令我最高兴的事情。"

"对于班上开展的春游或秋游活动，能够积极地参与并为我们出谋划策，并且提供力所能及的帮助，使活动进行得很顺利，这样的家长令我感到高兴。"

"在一次家园杯汽排球比赛中，一位有爱心的家长主动提出要为这次比赛的球员提供一些面包和牛奶，让球员们有更多的练球时间。这件事对老师的触动很大，没想到这个平时'爱说事'的家长能为班级考虑得这么周全。在她的带动下，家长纷纷响应，为球员们提供了很多饮料、水果和面包，还为啦啦队的孩子们提供了哨子等，圆满完成了此次家园杯汽排球比赛的任务。此后，家长们更加关心班级的事了，这让我感到很开心。"

"我班的一位家长，每天都主动谦和地询问孩子在园的情况，及时了解孩子的动态，针对孩子不好的行为会配合我们做好孩子的教育工作，而且总是很诚恳地表达对老师辛苦工作的感谢，这让我觉得工作再累都是值得的。"

2. 专业地位得到肯定

教师根据幼儿教育原理向家长提出的教育建议被采纳，并且取得预期的教育效果，会让教师感到很有专业自豪感。比如，在调查问卷中有的幼儿教师给出了以下答案：

"每次开家长会,家长们都聚精会神地盯着我,边听边记,还频频点头表示赞同。那会儿我感觉自己像是个教育专家——得到家长的信任和认可内心里真的是乐滋滋的。"

"家长有教育方面的问题时总是喜欢与我沟通交流,家长听取了我的建议,最终孩子进步了。家长高兴,我更高兴!"

"有一个小班的孩子很挑食。我让家长根据孩子的爱好,把萝卜等蔬菜切成五角星、月亮、太阳等形状或是用面粉捏成小熊、小鸡等动物形象,这样孩子就会对这些食物有很大的食欲。家长照着我说的去做了,效果很不错呢——这是我与家长相处中的一件令我十分高兴的事。"

"有一个孩子犯错误了,我批评了他,之后他回家跟他妈妈说了。第二天他妈妈来园亲自跟我说:'老师您每天带那么多的孩子,真是辛苦了。我的孩子如果有错,您帮我们教育他,给他正确的指导。我们相信您,把孩子交给您,我们很放心,一定支持您的工作。'家长的信任和理解,让我感到开心。"

"见到家长们每天开开心心地把他们的孩子交给我的时候我最开心。这说明家长们对我的工作放心。"

3. 工作得到家长的肯定

工作上得到家长的肯定,会让幼儿教师很有成就感。比如,在调查问卷中有的幼儿教师给出了以下答案:

"家长对我说:'张老师,我的孩子在某某方面进步很大,我们很高兴。'家长的这种肯定能让我高兴一整天,甚至好多天。"

"每当在我班网易博客留言处看到家长们对我工作的好评,我都会很高兴。"

"家长对我的工作给予肯定和支持的时候,我会更积极地去开展工作。当家长认可老师的付出,并配合我们的教育工作时,我也会觉得开心。"

4. 家长的惦记与问候

每逢生日、节日,幼儿教师总会得到许多家长的问候,被人惦记、关心也是幼儿教师职业幸福的一种。比如,在调查问卷中有的幼儿教师给出了以下答案:

"收到家长的节日祝福,令我陶醉。"

"过节了,家长们给我送来祝福的话,并且在孩子毕业后依然经常打电话联系我,使我感到很幸福。"

"今年春节收到陈志祥妈妈发来的短信:'日历即将翻开新的一页,不知不觉,我们的儿子陈志祥在你们精心的照顾和教育下,从当初的懵懂爱哭的孩子变成了今天的懂事爱学习的孩子,是你们一直在陪着我们见证着孩子的成长,衷心感谢老师,祝老师新年吉祥,万事顺意!希望老师能健康幸福!快乐永远陪伴着您!'——我的心里真的很感动。我觉得,就算平时再苦再累也值得。"

"柯柯是一个懂事又可爱的男孩,他现在已经是小学五年级学生了,偶尔在街上遇到他们一家人,他远远看到我就大声地喊:'熊老师好!'走近了,他的父母还说:'上幼儿园时,柯柯就是老师带着长大的,熊老师真好!'这种经历令人感到幸福。"

"今天是我27岁的生日,晚上,和家人吃着生日面条,说说笑笑中,忽然电话铃声响起。是谁呢?我心里一颤,祈盼着是找我的。我抱着试一试的态度拿起电话:'请问你找谁?''我找王老师。'这声音听起来怎么这么耳熟?'我是李勇国的家长,王老师,祝您生日快乐!'她竟然记得今天是我的生日!我激动得哭了,拿着话筒的手不住地颤抖着,我竟然能从电话里听到一个已经从幼儿园毕业三年的孩子的家长对我的生日祝福,在那一刻,我做幼儿教师的幸福感倍增。"

5. 工作"失误"得到家长的谅解

幼儿园工作是一项"高危"工作，当孩子发生了某些意外，或者工作中出现某些"失误"后得到家长的谅解，会令幼儿教师深受感动。比如，在调查问卷中有的幼儿教师给出了如下答案：

"当孩子出现一些磕磕碰碰时，家长的一句'没事'最让我高兴。"

"有一次，两个孩子一起玩，小明不小心将小宇碰倒了，而小宇正好碰到门框上的锁头位置，靠近右眼角处受了一点儿伤，皮破了，还出了点儿血。我把孩子送到医务室，医生说，这个位置不好用药，你还是征求家长的意见，看是否要送医院处理吧。我给小宇的家长打电话说明了情况。家长说：'是不是伤到眼睛了？能睁开眼睛吗？他知道自己也有错吗？请医生给小宇消一下毒，用创可贴给小宇贴上就可以了。您还要批评小宇一下，他不能太调皮了。孩子之间发生事情是难免的，如果不是故意的，那就好，你们也不要责备小明。我的孩子过几天就会好的。'当时，我流泪了！如此能体谅人的家长令我终生难忘，对他们我永存感激。"

"有一次，我班上有个小女孩不小心跌倒了，到医院缝了3针。下午家长来接孩子的时候，我们如实向家长反映了情况，没想到那位家长不但没有投诉我们，还很理解我们。其他家长也说，这是难免的，是可以理解的。我非常感谢这些通情达理的家长。"

"小朋友太多，有时候我们会出现一些照顾不周的情况，如，幼儿尿裤子了我们也没有发现，家长看见了表示能理解，我觉得很宽慰。"

"最让我感到高兴的事情是，家长理解老师，有事情跟我们沟通商量，不乱告状。"

6. 家长的热情与感谢

家长由衷的感谢会让幼儿教师感受到当幼儿教师的幸福。比如，在调查问卷中有的幼儿教师给出了以下答案：

"工作中我经常接到家长打来的道谢电话。有时是感谢我平时对孩子的照顾;有时是感谢我帮他解决了孩子教育上的一些麻烦的问题;有时是感谢我们帮助他的孩子取得了进步;有时是家长告诉我,他的孩子想老师了,想和我说几句话。这些都令我深受感动。"

"每天送孩子来园时,一些家长对我说:'老师,今天就辛苦您了!'每天放学时,见到家长肯定的笑容,或者听到家长对我说'老师,谢谢您','老师,您辛苦了',这些都令我感到高兴。"

"家长来接孩子时说:'老师,我的孩子很喜欢来幼儿园,她很喜欢和您在一起。'每到这个时候,我不仅会很开心,而且会在心里对自己说:我要更好地对孩子。"

"孩子在家中与父母谈及老师对他的好,家长见到老师时会高兴地反馈,这使我心里很温暖,感受到个人的价值。"

"班上一个女孩的奶奶每天看着我们老师抬早餐很辛苦,常常在楼梯口等着帮忙,嘴上总是说:'你们老师每天带孩子那么辛苦,我们能帮就帮着做一点事情。'我们没有让年过六旬的奶奶帮忙,但是心里感到很高兴。那位奶奶每天来接孩子都会热情地说:'老师辛苦了,谢谢你们帮忙给孩子扎这么漂亮的头发。'虽然这些都是我的本职工作,不值得一提,但是家长的关心和理解让我感受到了工作的价值。"

"家长最让我高兴的是:小班的小朋友自理能力较差,经常有小朋友把屎拉在裤子里。我就帮他们换洗,还拿学校里的裤子给他们换上。家长们知道后,非常感激。'对不起!老师!''老师辛苦了!''谢谢老师!'听到家长这些感激的话,我好高兴、好幸福。"

"'老师,我的孩子劳您费心了,您辛苦了。''嗯,这个老师真不错。'听到这么简单的一句话或几句话,我就心满意足了。"

7. 生活上得到家长的关心

有时在生活上遇到了一些麻烦而得到家长的真诚帮助，这让幼儿教师体会到了温暖。比如，在调查问卷中有的幼儿教师给出了以下答案：

"晨检时，家长发现我身体状况不佳，会主动询问并表示关心，这让我觉得心里暖暖的。"

"有一次我的嗓子不舒服，后来家长知道了买了药让孩子拿给我，这让我很感动。"

"有一次我因为阑尾炎住院，许多家长都主动打电话来问候，还有些家长和孩子一起到医院来看我，这让我不止一次地被感动得泪流满面。"

8. 与家长的关系越来越密切

孩子的教育让家长与教师成了要好的朋友，这既满足了幼儿教师的交往需要，又丰富了他们的社会阅历，同时还有利于工作的开展。比如，在调查问卷中有的幼儿教师给出了以下答案：

"感觉到与家长的关系由原来被动的'合作者'变成了'朋友'，工作很好开展，我心里很满足！"

"最让我高兴的事情是家长都信任我，他们都很乐意与我交谈。"

"刚毕业的时候带过一位叫曾航的孩子，他现在已经大学毕业了。他爸爸那时候工作很忙，似乎又是单亲家庭，所以每天总是很晚才来接他。有时我就直接带曾航回宿舍。直到现在近20年了，他爸爸在遇见我时仍然会说：'童老师好！'这种感觉很温暖。"

"每届都有一些家长时不时地约我们去参加他们的郊游，或者约我们一起去健身，家长和我们的关系很融洽。当有个别家长不理解、不支持我们的工作时，总能有家长主动站出来，做他们的思想工作，让他们理解和支持我们的工作。这让我们很感动。"

(二) 家园互动中的不快乐

调查发现，幼儿教师在家园互动中的不快乐主要来自以下七个方面：

1. 家长的不信任

家长的不信任让幼儿教师感到郁闷。比如，在调查问卷中有的幼儿教师给出了以下答案：

"一些家长没有弄清楚事情的原委，只听信一面之词，就对老师提出质疑，甚至是责备。这是最让我不高兴的事情。"

"有的家长对老师的教育工作不配合，甚至冤枉老师，特别是轻信孩子的话而不加求证，还背后乱说。这让我感到很郁闷。"

"有一个孩子心情不好，不想来幼儿园了，他就对父母说：'今天我不想去幼儿园了，那里不好玩，整天都在上课，老师还骂我。'而家长听了孩子的话，就真的以为我们的工作有问题，并且到园长那里告状。这让我很生气。"

"有一个孩子刚刚来园三天就不想来了，哭闹得很厉害。爸爸妈妈问她：'为什么不想去幼儿园了？'她说：'老师和小朋友打我，打得好厉害！'然后父母在不经求证的情况下，直接把我们告到了园长那里。我们是受过专业训练的教师，具有基本的职业道德水准，绝对不会打孩子。此事让我们一起带班的三个老师感到十分气愤！"

"家长有问题和建议不直接和我说，而是背地里跑到领导那儿去说，最终领导不问青红皂白地把我训斥一通，这让我十分难过。"

"曾经有一个全职妈妈，每天早上8点送孩子来园以后，就在班级旁的走廊上转来转去，从这个班转到那个班，了解每个班的工作，以比较幼儿园里的每一个老师，然后将自己的孩子从这个班转到那个班。园长不同意她就天天找园长，老师不同意她就天天找老师，弄到最后幼儿园里人人见了她就躲。"

"一位家长每天送孩子来时帮着提书包送到座位上，然后帮着找凳子、端早餐，反复交代老师让她的孩子多吃一点；有时送孩子进班后都回到大门口了，又故意找借口回来看看他的孩子有没有吃早餐。她还有其他一些对老师不信任的行为，而且从来不听老师的劝说。这样的家长，让我很难过。"

"我班一个好动的男孩，其肚脐眼附近发红。家长说问过孩子了，孩子说是在幼儿园被一个大孩子踢的。家长要求对方的父母道歉，害怕孩子有内伤，要求带孩子到医院拍片。我们好多老师和校医看了都认为是孩子自己用手抠的。老师带孩子到医院检查，医生说是肚脐炎，家长还是不相信。家长的这种做法让人感到很无奈。"

2. 家长缺乏教育素养

家长缺乏基本的教育素养，他们不仅不会教育孩子，有时还会伤害孩子，这让幼儿教师感到很无奈，甚至愤怒。比如，在调查问卷中有的幼儿教师给出了以下答案：

"有一天，在父母来园接孩子的时间里，我们班的两个男孩不知为什么扭打起来了，结果双方的家长相互指责，最终还动起了手。这让我们很无语。"

"最让我不高兴的事情是：家长脾气坏，在园内打骂孩子。例如，一天早上来园时，大班的某孩子跟着爸爸来到教室门口，孩子瘪着嘴，小声哭泣着，其父嘴里不断地骂着难听的话，老师去哄孩子时，孩子哭得更委屈。这时其父愤怒了，扬起手掌朝孩子身上打了下去，一边打还一边骂脏话，老师在保护孩子的同时，也被其父拍过来的巴掌打到腿上。如此家长何谈教育孩子？！"

"家长过分溺爱孩子会让我不高兴。比如，有一次家长开放日，我们中（3）班的小勇上厕所的时候，他的奶奶还去帮他脱裤子。"

"小东在户外活动时追逐小卉，追上后狠狠地打了一拳，令我大吃一惊，赶忙过去制止并问小东：'老师不是讲过要跟小朋友团结友爱吗？你怎么能狠狠地打小卉？'小东理直气壮地说：'她不跟我玩，我奶奶说，谁要先惹你，你就狠狠地打他。'家长如此教育孩子，让我感到郁闷。"

"孩子与孩子之间闹一点点小意见,家长不问青红皂白就直接指责别人的孩子,这样的家长让我不高兴。"

"有的家长不经过老师的同意,很不理性地处理孩子之间的矛盾,比如恐吓别人的孩子。我感觉他们根本不把老师放在眼里。"

"家长的'冲突',是最让我不开心的事情。小骐是我班上最调皮的男孩,小晴却是最漂亮、最斯文、最小气的、不怎么跟别人交往的女孩。小骐很喜欢小晴,但小骐表达喜欢的方式是有意无意地去碰小晴,惹得小晴一次次地回家说:'今天小骐又碰我了,好疼哦。'有一天奶奶送小晴上幼儿园的时候,小晴就告诉心疼她的奶奶哪个同学是小骐,奶奶走到小骐面前跟小骐说了一些话,刚好被回头找钥匙的小骐的爸爸看见了。看到自己的儿子好像被骂了,他马上拉下了脸,说:'你是怎么回事?想骂人找我骂啊?找孩子骂算什么本事呢?!'小晴的奶奶刚想解释,小骐的爸爸就找我来告状了:'你们老师是怎么回事?我的小孩送到幼儿园是给你们教的,不是给别人的家长骂的!下次我再看到有人骂我儿子,我就把你也告了!'说完小骐的爸爸气冲冲地走了。"

3. 家长的不尊重

有些家长不尊重老师,让老师感到很难过。比如,在调查问卷中有的幼儿教师给出了以下答案:

"有一回一个无业的家长看见我帮小朋友换粘了大便的裤子,她说:'老师呀,大便你也洗呀,我是摸不得的。虽然我没工作,但让我做幼儿教师我是不会做的。'听了她的话,我心里真不是滋味。"

"家长不配合工作,认为幼儿教师只是个保姆,自己的孩子受了点伤就对老师破口大骂、大动干戈,好像只有他的孩子是宝贝似的。"

"自己尽心尽力为了孩子的进步而努力,但家长对此很不屑,并且不配合幼儿园的工作,这让我觉得有点心寒。"

4. 家长的不配合

家长不配合、不支持幼儿园的工作，孩子的教育效果不理想，这让幼儿教师有一种挫败感。比如，在调查问卷中有的幼儿教师给出了以下答案：

"我们将一些孩子的不好的行为习惯向家长反映，但家长不配合，还为孩子找借口，不能够正确看待孩子的不足，有时老师在幼儿园帮助孩子改正了，回到家里，家长又让孩子恢复了老样子。这让我很郁闷。"

"当我很用心地去引导教育班上的特殊幼儿时，得不到家长的配合，幼儿的行为习惯转变效果不佳，我就会产生一种有心无力的失败感。"

"与家长沟通过他们孩子的某些问题（例如经常迟到、包办代替、任性、有攻击性等）多次以后，这个孩子的问题依然无法解决，我就会觉得家长不在乎孩子的成长问题，不尊重老师，感到无比的失望。"

"最令我郁闷的一件事是，我发现春节后许多孩子都有一些新的玩具，我设计了一个玩具交流活动，要求每个孩子带自己心爱的1～2件玩具来幼儿园与大家分享。可是第二天，全班只有5位小朋友带来了。询问不带玩具来的原因，许多孩子都说：'妈妈不让带'、'奶奶怕带来后被弄坏了'。家长们把孩子的健康发展看得还没有玩具的完好重要，真让我无语。"

5. 家长的不守时

"个别家长在家也没什么事，但经常很晚才来接孩子，延长了我们的工作时间，有时自己有事也没办法离开，只能等家长接了孩子才能走。"

"有的家长早上送孩子迟迟才来，还站在教室门口一直不走，影响我班的正常活动，这使我们很不高兴。"

"班里有一个小男孩，每天都10点左右才来园，问其原因，孩子的奶奶回答，早上怎么叫他都叫不起来，就随他了。针对这一情况，我也多次跟他的父母说过，要让孩子养成良好的习惯，不能一味地迁就他，可家长并没有积极地回应。这让我有点郁闷。"

6. 家长的不包容

有的家长对教师的工作采取"零容忍"的原则,这让许多教师工作得很焦虑。比如,在调查问卷中有的幼儿教师给出了以下答案:

"有的家长不太能体谅我们教师的工作,这让我们很难过。比如,孩子在幼儿园里磕磕碰碰是在所难免的,但是孩子在幼儿园里磕碰出了点什么'小问题',家长就绝不原谅,有的甚至到幼儿园大闹特闹,这使我们工作得很不开心。"

"一个小朋友在另一个小朋友的脸上抓了一下,留下了一道抓痕。第二天,被抓伤的孩子的妈妈气势汹汹地赶到园里,指着我的脸一字一句地说:'老师,我今天原谅你一次,下次我绝不原谅你!'一些老师自嘲说,碰到不讲理的家长,虽然有时感到委屈,但是也只好常把'对不起'挂在嘴边。"

"有的孩子受了一些皮外小伤,我们老师采取了治疗措施,但家长总觉得我们没有很好地关注他的孩子,让他的孩子受了伤,在放学的路上见到谁都大声地嚷嚷:'你们看看我的孩子在幼儿园受的伤。'家长如此地张扬我们的'失误'让我们十分难过。"

7. 家长的不讲理

人们常说:"家长是我们幼儿园的上帝,家长是我们幼儿园的衣食父母。"可是有的家长时常对教师提出无理的要求,这让教师很纠结。比如,在调查问卷中有的幼儿教师给出了以下答案:

"孩子的床位总要有前有后、有里有外,但有些家长总是根据自己的想象,想把自己孩子的床位安排在'最好的位置',而且不厌其烦,一切以自我为中心,这让人很反感。"

"有个小班的孩子在家睡觉时喜欢让大人摸着脸睡觉,其家长在孩子一入园时就向我们提出了这个要求——中午睡觉时能否也摸着孩子的脸,让孩子安然入睡。我立马回绝说这绝对不可能。结果她去园长那里提出给孩子换个有爱心的老师。这让我郁闷了好久。"

"有的家长对幼儿教育的真谛不了解，总是质问我：'你们为什么不教孩子写字？我朋友的孩子在××幼儿园中班已经会写许多字了，我的孩子现在都上大班了一个字也不会写！你们幼儿园太差了！'"

二、家园互动中的快乐策略与措施

家园关系融洽了，家长就会接受和信服你的教育观念与做法，家园就容易形成教育合力，进而提高教育效率，减轻教师的工作负担。如果家园建立了良好的情感关系，那么家长不仅容易接受你的教育主张，还容易原谅你工作中的"失误"；反之，则会产生许多矛盾和误解。因此，我们要重视良好家园关系的建立。

（一）与家长建立良好的情感关系

和家长建立良好的情感关系，有利于家长对教师工作的认可和支持，同时，教师在犯了难以避免的"错误"时易于得到家长的谅解。可以说，感情好，一切都好；感情不好，一切都不好。因此，幼儿教师一定要注意与每位家长建立良好的情感关系。

1. 努力给家长留下美好的第一印象

幼儿教师给家长的第一印象是否良好、是否专业，对于今后幼儿教师与家长能否建立积极的情感与互动关系至关重要。如果第一印象是专业的、良好的，那么，家长今后就容易认可你；如果第一印象让家长觉得你水平不高，那么，以后家长就可能会处处质疑你，进而不配合你的工作。所以幼儿教师要注意做好在家长面前的各项"第一次工作"，如第一次家访、第一次家长会、第一次家长开放日等，不能随便应付。

2. 做一些让家长感动的事情

比如，用你的爱心和细心去感动家长，用你的专业素养和敬业精神去感动家长，用你的热情和班级的温暖去感动家长，用孩子的可喜变化和你对孩子的深入了解去感动家长，通过家长开放日让家长了解你对孩子的关爱以及你工作的智慧、辛苦，进而深受感动，等等。其实，家长很容易被感动，请看一位家长在网上发表的她被感动的案例：

案例1

寒假后刚刚开学那段时间，还处于供暖期，教室里比较热，孩子们穿得又多一些。三位老师担心孩子们午睡时太热，竟然细心到管孩子盖被子的细节问题，让孩子们不要把被子盖得太往上，以免太热。这些细小的事情，是不是只有妈妈才能想到、做到？（这件事也是儿子讲给我听的。）

案例2

开学大约两周的一个周六，宝宝感冒了。周六、周日两天的症状是：白天状态非常好，到下午五六点钟就发烧，并且烧到39℃。周一早晨上学时，王老师、蔡老师都在忙着接待家长和孩子，恰好看到陈老师，我就把儿子的情况跟她说了。放学时，见陈老师在教室门口忙着与家长、小朋友告别，我就没好意思打扰她。但等我和儿子出教室的门时，陈老师主动告诉我儿子的情况，说午睡时摸过孩子的头，孩子没有发烧。当时我真的好感动——老师太细心了！

(www.ankang06.org/space/index.php？action-viewgroup-gid-1-itemid-1004718192)

只要你用心，你就能发现许多可以让家长感动的策略与措施。幼儿教师可以从做好下列工作入手来感动家长：

（1）入园初：当着家长的面亲切地问候孩子，评价孩子的细微变化，问候孩子的身体状况。

（2）短信关怀：入园初的放心短信、生病时的贴心关怀、周末的爱心提示、节假日里的甜蜜问候。

（3）说说孩子的进步、孩子的趣事等，让家长觉得老师是关注他（她）的孩子的。

（4）以"孩子进步"、"生日祝福"、"节日祝福"等为沟通主题，进行各种形式的家园沟通，能有效增进幼儿、家长和老师之间的相互沟通与交流。

（5）离园时，给每个孩子穿戴整齐。家长满意了，我们也就开心了。

（6）微笑感动家长。每天早晨在门口迎接时，多给孩子和家长一个微笑，会让孩子温暖一天，更会让家长一百个放心。早晨，当家长迎着阳光出现在教室门口时，看到班上笑容可掬的老师，听到老师与孩子亲切的问候，也许家长一天的好心情从此开始，他们会觉得孩子在幼儿园就像在家一样，他们放心；下午，当工作了一天的家长来园接孩子时，老师微笑着对他说"您的孩子真棒，今天学会了穿衣服"，也许他的劳累立刻减轻了许多；当家长有事耽误了接孩子时，面对心急如焚、满脸歉意的家长，老师依旧微笑着说"没关系的，您别着急"，这又怎能不让家长感动呢？

3. 与家长有误会要主动化解

有些幼儿教师与家长有误会只会生闷气，不会主动化解，让相互之间的误会变成了积怨，并且越积越深，以至于一见到某位家长脸色就晴转多云，严重地影响了自己职业生活的质量。因此，幼儿教师与家长有误会就应该以最快的速度将其化解，自己不能化解的还可以借助外力（如请其他同事，甚至园领导）来化解。

【案例】 用爱心融化家长的误解

接待家长时,我总是说:"为了孩子上学,你们辛苦了。"家长们听了总是很高兴。黄阿法小朋友是个非常调皮、好动的孩子,一天户外活动时他在和小朋友追逐中摔倒,手划破了一点皮,我急忙带他到医院看医生,可阿法的爸爸知道后便对我大骂起来,我含着委屈的泪水挨着骂。后来,有一次,阿法发高烧,我背着他就往医院跑。孩子最怕打针,我怀里抱着阿法,用脸贴着阿法的脸,给孩子勇气。当阿法的爸爸到医院看到这一切时,被眼前的情景感动了,连声道歉:"老师,谢谢你,我错怪你了……"

当教师被家长误解时,不要"以怨报怨",而应该通过展示自己对孩子的爱心来化解家长的误解,进而赢得家长的理解和尊重。

4. 在家长面前表现出对孩子成长的关心

幼儿教师要深入了解每个孩子的优点、缺点、个性、潜力、近日的进步情况等,在与家长沟通时,如果你能具体翔实地向家长汇报,并以家长乐于接受的方式向其提出一些切实可行的教育建议,那么,家长定会对你十分佩服,并发自内心地感谢你。

5. 通过共同的任务或活动,增进彼此间的了解和感情

幼儿教师可以通过与家长一起参加春游、秋游,参加亲子活动等活动,增进教师与家长之间的了解,进而增进彼此的感情。幼儿教师应该明确,让家长信服也是一种十分重要的专业技能。

6. 注意与家长互动的态度

幼儿教师在与家长互动的过程中要注意正确、一贯的态度:热情、平等、尊重、合作、关爱。教师的态度在每次与家长互动的过程中都会有意无意地显露出来。当你与家长会面时,坐在他们旁边或者大家围着桌子坐成一圈,

这传递的信息是——"我们是伙伴关系"；如果你坐在讲台前，家长坐在小椅子上，其传递的信息就完全不同了。

7. 注意向家长汇报孩子信息的艺术

大多数时候孩子有问题老师会想到告知家长，但孩子有了进步或成绩，我们是否也会向家长传达呢？试想，如果我们是家长，若孩子的老师能够用电话或其他方式告诉我们孩子的点滴进步，我们也就会时常关注老师的各项活动；相反，如果老师一打电话就是说我们的孩子和谁打架了，上课时如何多动、捣乱，用不了几次就会让家长的心和耳都关闭，老师的话只会引起他们的反感，哪里还会去积极配合老师的工作呢？所以说，向家长汇报孩子的信息，要先报喜，后报忧，这样才能使家长真正体会到，老师的心和他们一样，是盼望孩子成长、欣赏孩子进步的。

（二）以自己的专业素质帮助家长提升教育素质

幼儿教师要在家长面前表现出自己的专业自信，逐渐确立自己的专业权威地位。

我们在调查中发现，许多幼儿园的教育工作因过度地被家长所引导而进入误区——幼儿园教育"小学化"（以识字写字、算术为主，重视上课、轻视游戏等），不惜牺牲幼儿的情感态度去追求知识技能的掌握，幼儿园教育功利化现象严重，这都是幼儿教师缺乏专业自信和专业权威地位的表现。因此，幼儿教师一定要注意在家长面前树立专业自信和专业权威，以更好地引领家长的教育理想向科学方向发展，促进幼儿的健康成长。

1. 认真学习和研究幼儿教育的规律，掌握幼儿教育的发展趋势

只有做到这一点，我们才有资本、才有资格去引领家长的教育理想向科学方向发展；反之，则会误导家长或者被家长所误导。

为了正确地引导家长、更好地促进幼儿的健康发展，幼儿教师必须经常思考与研究下述问题：

(1) 幼儿发展的基本特点是什么？

(2) 幼儿是怎样发展的？

(3) 什么样的发展对幼儿的一生而言是最有价值的？

(4) 最适合幼儿发展的路径有哪些？

(5) 家庭和幼儿园在促进幼儿发展方面各有什么独特的作用？如何有效地发挥这些作用？

(6) 如何才能有效地说服家长，让他们认同我们的教育理念？

如果我们能对上述问题有一个透彻的认识，并形成相应的教育理念，我们就能正确地引导家长，进而形成家园合力，更快、更好地促进幼儿的发展。

2. 有效地通过各种途径向家长推介正确的幼儿教育理念

平时幼儿教师可以通过班级博客、活动室门前的家园联系栏目、班级家长QQ群、家庭教育讲座、家庭教育咨询活动、家庭教育研讨活动等途径向家长推介正确的幼儿教育理念。

（三）通过自己的专业素养赢得家长的尊敬

调查发现，家长认可幼儿教师的专业水平，就会对其产生尊敬的倾向，并且对其工作往往采取支持、配合的态度；另外，受家长对老师的认可和尊敬的影响，孩子也倾向于认可和尊敬老师。因此，教师如何在家长面前展示自己的专业素养是一个值得研究的问题。

1. 向家长提供集体的家庭教育指导

通过家长会、家园联系栏及家长学校等途径向家长通报幼儿园的工作计划、要求，宣传科学保育和教育孩子的知识、经验，让家长感受到本班教师对孩子的教育的确很专业，并由衷地对教师感到敬佩。

2. 为家长提供个性化的家庭教育指导

通过电话、班级 QQ 群、个别谈话、便条、家园联系册、家访、博客等方式，经常性地与家长沟通其孩子的发展情况，并与其一起探讨其孩子具体的发展和教育问题，能够让家长感觉到本班教师在教育孩子方面很有智慧，也很专业。

3. 在家长面前表现出与其孩子的亲密关系

比如，在孩子每天来园时，教师要热情地接待每一个孩子，不仅要热情地和每个孩子及其家长打招呼，还要通过拥抱、拉拉手、摸摸头、拍拍背等亲密动作来表示对孩子的爱；在孩子离园时，亲切地和每个孩子及其家长说再见，让家长感受到老师的热情和富有专业精神的关爱。

4. 利用教室环境布置展现你的专业才能

教室环境是一个班级的窗口，它反映着本班教师的教育理念和具体做法。教师除了要精心布置本班教室环境外，还要引导家长去理解这种布置的教育意图与目的，理解教师的良苦用心，从中看到教师的专业风范。比如，有位教师告诉家长，在环境布置中使用孩子们的作品是有教育意义的，这让家长感受到教师是很用心的，而不是在偷懒，由此许多家长对教师的专业素养感到佩服。

5. 建立班级网站

教师可利用著名网站的博客栏目，建立本班的网站，并努力将其建设成为家园沟通的平台和家庭教育指导的个性化平台。班级网站可以设立如下栏目：

（1）亲子活动。为家长开展亲子活动提供理论和实践方面的指导。这方面的内容包括亲子活动的基本理论、基本原则、亲子游戏、亲子教育活动方案等。

（2）家庭教育咨询。为家长提供个性化的家庭教育指导。家长可以在此栏目中向教师提出关于自己孩子教育和发展的各种问题，教师应注意及时地给予答复。

（3）家庭教育经验。为各位家长提供家庭教育经验交流的平台。这方面的内容包括各位家长的家庭教育故事、家庭教育感悟等。

有些家长教育思想端正、教子有方，可通过这一平台展示这些家长的成功家庭教育经验和成功家庭教育故事，进而提高其他家长的认识和家庭教育水平。

（4）孩子趣事。让家长了解孩子在幼儿园里的趣事，也让教师了解孩子在家庭里的趣事，内容可以是孩子的"有趣的语言"、"有趣的想象"、"有趣的思维"、"有趣的行为"、"有趣的表情"；可以是文字材料，也可以是图片材料。

（5）家庭教育观念。为家长进行家庭教育提供理论上的指导，向家长宣传正确的教育思想和科学的育儿方法，帮助家长提高家庭教育水平。此栏目向家长宣传科学育儿的原则与知识，进行家庭教育指导，应特别注意以下四个方面：

①帮助家长认识幼儿期家庭教育的重要性。不少家长对幼儿教育，特别是幼儿家庭教育的重要性缺乏正确的认识。有的家长认为"树大自然直"；有的家长认为，孩子幼儿时期主要是长身体，上小学后才是教育的开始；有的家长只顾挣钱，把孩子的教育不放在心上；还有相当一部分家长认为把孩子送进幼儿园，教育就是老师的事了，家长只要负责孩子的生活就行了。

幼儿教师应向家长宣传：幼儿时期是人生的奠基时期，是身体、智力迅速发展与性格、品德、行为习惯形成的重要时期，是进行教育的黄金时期；还要让家长认清家长在教育孩子方面起着重要的、不可代替的作用，应该尽到自身的责任。

②帮助家长树立正确的家庭教育观念。家庭教育观念决定着家长的教育行为。目前，不少家长在儿童观、发展观、教子观、人才观等方面都存在问题，

导致一些家长在对孩子的教育上步入误区,直接影响着家庭教育质量和家园合作教育。比如,不少家长误认为向孩子灌输大量的知识便是智力开发;让孩子学会一技之长孩子就能成才、成星,并以为这就是早期教育;有些家长忽视幼儿社会性的发展,不重视对孩子的性格、品德、行为习惯的培养;还有些家长教育观念陈旧,不能适应时代发展的要求。因此,幼儿教师要帮助家长端正和更新教育观念,确立使孩子的身心全面和谐发展的思想。

③宣传科学的育儿方法。当今的不少家长对孩子的期望过高,但又教子无方。他们不了解幼儿期孩子的生理、心理特点,缺乏科学育儿方法。有的家长对孩子娇惯溺爱;有的家长对孩子的教育简单而粗暴;有的家长对孩子过早地进行定向教育;有的家长不主张孩子玩游戏,认为玩游戏是学不到知识的,而过早地对孩子施行"小学化"、"成人化"的教育,等等。

幼儿教师应向家长宣传有关幼儿身心特点和科学保育、教育的知识,让家长了解教养孩子必须遵循的科学规律,坚持严爱结合、正面教育为主、以身作则以及教育一致性等教育原则。

④帮助家长为幼儿的健康成长创设良好的家庭环境。要让家长认识到,家庭教育,尤其是幼儿家庭教育,从本质上讲是一种环境教育,要重视为孩子的身心健康和谐发展创设良好的物质环境和精神环境。

家庭物质环境指适宜于幼儿发展所需要的玩具、图书、活动材料、活动空间等。目前,在物质条件上家长大多注意给孩子购买大量图书、玩具、视听材料等,但往往缺乏选择性;有的家长任孩子长时间地看电视、玩电脑游戏;有的家庭装修得非常讲究,现代化设备一应俱全,却没有适合孩子活动的空间,孩子在家里这也不能碰、那也不能动,甚至连玩具也束之高阁,这样的环境不利于幼儿的发展。幼儿教师应让家长了解到,"孩子是在活动中发展的",并建议家长根据家庭条件给孩子留出活动空间,为孩子提供适宜的、适量的活动材料。另外,不要总是将孩子长时间地关在家里,应多让孩子到户外去活动,利用双休日和节假日带孩子到大自然中去丰富知识、开阔视野、陶冶情操、锻炼身体。

家庭精神环境由家庭成员的修养,家长的教育观念和教育态度,家庭成员之间的关系以及家庭气氛等组成。这是关系到幼儿身心发展更为重要的方面。在此应特别提一提亲子关系问题。亲子关系是指父母和孩子的关系。家长很爱孩子,但这并不意味着就建立了良好的亲子关系,不少家长由于不了解孩子、不尊重孩子、教养态度与教养方式方法不正确或者溺爱孩子等原因,不能为孩子的身心健康成长提供有利的氛围,这就需要幼儿园给予有针对性的帮助。

(6) 班级活动。使家长了解幼儿园所开展的活动,以便其更好地配合幼儿园对孩子进行教育。此栏目有班级活动的照片、本班的本周活动计划等内容。

(7) 热点讨论。让家长参与家庭教育热点问题的讨论,可以提高他们对家庭教育的认识。热点问题可以是家庭教育中的普遍性问题,也可以是本班家长特别关注的问题。

(8) 我们的老师。让家长通过这一栏目了解教师的才艺、兴趣爱好、成绩、理念、希望等,能够为家长与教师沟通奠定良好的基础。

通过网站的建设,幼儿教师可以为家长对孩子的教育提供全方位的指导,进而展示教师在幼儿教育方面的专业化水平,提高教师在家长心目中的威信。

(四)让家长体会教师的辛苦

通过家长开放日活动,让家长了解幼儿教师是如何辛苦地带班的,让他们看到教师的辛苦,看到教师的不容易,这样家长就很容易对教师产生感激之情。另外,让家长自愿报名尝试来园带班,让其真实地体验幼儿教师的专业性,也很容易使家长对幼儿教师更加理解和尊重。

【案例】 做幼儿教师真的不容易

某家长是某市的一位经验丰富的中学特级教师,她在中学里教体育课。有一天她自愿报名在儿子就读的幼儿园上一堂体育课,没想到却是一个尴尬的结果:一上课,她马上发现孩子们的活泼程度远远超出其想象;10分钟后,孩子们就开始做自己的事情,根本没人听她讲述游戏规则;最后,她不得不求助于幼儿园的老师。这位特级教师不得不由衷地感叹:当好幼儿教师真的不容易!参与观摩活动的家长也觉得很不可思议,他们万万没有想到当幼儿教师这么难,这么需要专业知识和技能。大多数家长上完课后都感叹"与自己想的完全不同"。

许多幼儿园都开展了"把家长引进幼儿园"的活动,他们"引进家长"的目的是让孩子受到多方面的教育。但我认为,"把家长引进幼儿园"更重要的目的应该是让家长体验幼儿教育工作的辛苦和专业性,因为这样更有利于促进家长对教师的认可和尊重,有利于提高幼儿教师的职业幸福感和自豪感。

(五)艺术化地处理家长晚接孩子的问题

家长晚接孩子不仅影响教师的个人生活,对孩子的正常发展也会产生消极影响。

【案例】 应对家长晚接孩子的策略

都晚上8点多了,孩子的父母才急匆匆地进园……

A 结果

A 教师:你看都几点了,这么晚才来,孩子不要了?!

家长:你不就是干这事的吗?

结果：教师和家长都非常尴尬。

B 结果

B 教师：唉呀，您遇到什么急事了？我和您的孩子玩了好久，孩子听了好几个故事。我们心里挺着急，还给您打了电话，可打不通。还好，您现在终于来了。

家长：不好意思，不好意思。谢谢老师，谢谢老师！今后我一定想办法准时接孩子。

结果：教师既将着急的情绪表达了出来，也将刚才做的事情向家长讲明了，家长不但不会生气，还会非常理解和感谢呢！

教师的态度很重要。教师说话的态度和语气不对，往往会使家长产生对立情绪，这对解决晚接孩子的问题没有一点帮助。家长接孩子晚了，老师对迟来的家长宣泄自己的不满情绪："你们这些家长太过分了，有急事就是理由啊？把孩子放在幼儿园就没想到按时来接？孩子哭着要妈妈，都帮你哄了好几回了，你不心疼，我们心疼啊！真不知道你这妈妈是怎么当的！"老师如此质问，家长会对教师的工作态度很不满意。而有的老师会很委婉地说："没关系，您以后要是遇上急事，不能及时来接孩子，就先给我们打个电话，这样孩子就不会担心，老师也不会着急了。您放心，只要孩子在我们幼儿园，我们老师会照顾好的。"老师这样回答，真诚地表达了自己对幼儿和家长的关心，站在家长的立场上去理解家长的苦衷，家长自然就会对老师的工作态度表示满意。老师尊重家长，家长就会尊重老师。

应对家长晚接孩子的小技巧：

（1）在明显的地方张贴接送孩子的时间；

（2）感谢准时接送孩子的家长：口头感谢、书面感谢、网上公布；

（3）通过网络或家园联系栏提醒家长晚接孩子的后果：孩子焦虑、有被抛弃的感觉等,这将影响到孩子人格的健康发展。

(六)通过幽默赢得家长的好感

在与家长的交往中,幼儿教师要注意幽默艺术的运用。幽默能让人感觉到轻松和智慧,有利于幼儿教师与家长建立亲密的关系,有时还能使紧张的气氛变得轻松。如,有位家长观察到老师对孩子推推搡搡的,来找老师兴师问罪,这时,老师用幽默巧妙地化解了家长的愤怒,她笑着向家长解释:"××妈妈,您误会了,您当时是不是感觉我像大灰狼一样特别可恶啊,是不是感觉自己的孩子像小红帽一样特别可怜啊!"一句话,把家长也给逗笑了。

幼儿教师的幽默调侃,可以缩短幼儿教师与家长的心理距离,提高幼儿教师的亲和力。比如,在第一次家长开放日活动中,身材娇小的黎老师一走进活动室,早已等候在此的家长就失口而笑,还有的家长在窃窃私语。黎老师见状不急不躁,微笑着说:"家长们,我曾因为自己身材矮小难过过。今天我能够博得大家开心的一笑,这证明我们之间的感情交流已迈出了可喜的第一步。在今后对孩子的教育中,我一定取大家之'长'来补自己之'短',努力提高自己。"家长们给予了黎老师热烈的掌声。黎老师又转而对小朋友们说:"小朋友们,黎老师今后和你们做游戏时都不用弯腰,多轻松呀!"小朋友们都笑了,家长们又一次报以热烈的掌声。

(七)在与家长的交往中要使用文明礼貌用语

文明礼貌用语是幼儿教师与家长沟通中的润滑剂,经常使用文明礼貌用语也是在家长面前展示幼儿教师良好修养的一种有效方式。

1. 致歉的文明礼貌用语

"很抱歉,孩子受伤了,老师也很心疼,以后我会更关注他。"

"很抱歉,由于我们……请您多多谅解。"

"真对不起，由于我们的疏忽，您孩子的头撞了一个包。"

2. 回应家长要求的文明礼貌用语

"这件事是××负责，我可以帮您联系一下。"

"您有这样的心情我很理解，等我们冷静下来再谈好吗？"

"孩子之间的问题可以让他们自己来解决，您就放心吧，他们会成为好朋友的。"

"您有什么想法，我们可以坐下来谈谈，大家都是为了孩子好。"

"谢谢您的提醒！我查查看，了解清楚了再给您答复好吧？"

"请您放心，我们会照顾好您的孩子的。"

3. 反映孩子情况的文明礼貌用语

"这孩子太可爱了，老师和小朋友们都很喜欢他。"

"您的孩子最近表现很好，如果在以下几个方面改进一下，孩子的进步会更大。"

"您的孩子表现不错，他今天……"

"您的孩子一直在进步，只是……还需要努力。"

4. 咨询家长的文明礼貌用语

"您有什么事情需要老师做吗？"

"您有特别需要我们帮助的事情吗？"

"您看，我们这样做好吗？"

"您好，有什么需要帮忙的吗？"

"您有什么困难？我可以帮助您吗？"

5. 感谢家长的文明礼貌用语

"谢谢您的理解，这是我们应该做的。"

"我们非常欣赏您这样直言不讳的家长，您的建议我们会考虑的。"

"谢谢您对我们工作的支持，为我们提供了……"

6. 向家长提教育建议的文明礼貌用语

"幼儿园的食谱是营养配餐,为了孩子的身体健康,我们一起来帮他改掉挑食的习惯,让他吃饱吃好。"

"您的孩子最近经常迟到,我担心他会错过许多好的教育活动,我们一起来帮他好吗?"

"您的孩子最近没有来园,老师们和小朋友们都很想他,真希望早点见到他。"

"请相信孩子的能力,他会做好的。"

"请您不要着急,孩子偶尔犯错是难免的,我们一起来慢慢引导他。"

7. 希望获得家长支持的文明礼貌用语

"近期我们要举行××活动,相信有您的参与和支持,活动会更精彩。"

"近期我们要举行××活动,对孩子的××能力发展有好处,期待你们的参与和支持。"

"麻烦您协助我们……"

"耽误您一点时间,我想和您交流一下孩子的情况。"

"我们有做得不够的地方,敬请指正。"

8. 向家长推荐读物的文明礼貌用语

"我们向您推荐好的育儿知识读物,您一定会有收获的,孩子也会受益。"

"我们幼儿园网站的内容丰富多彩,欢迎您经常浏览、及时沟通。"

9. 教师对家长的忌语

"你的孩子今天又打人了。"

"你的孩子太吵了。"

"老师拿你的孩子没办法。"

"你们家长在家也该管一管孩子!"

"你怎么那么迟才来接孩子?"

"你的孩子什么都不会。"

"他今天在教室里乱跑的时候头上撞了一个包。"

"你走吧,让他自己吃。"

"他午睡时不睡觉,还影响别人。"

"在家不要再给他喂饭了,他是吃饭最慢的一个孩子。"

本章参考文献

[1] 莫源秋. 做幼儿喜爱的魅力教师 [M]. 北京:中国轻工业出版社,2010:28–29.

[2] Saifer S. 幼儿教师工作高效应对策略 [M]. 曹宇,译. 北京:中国轻工业出版社,2012:236.

第七章 基于幸福快乐的专业成长

幼儿教师职业有一种很危险的惰性,因为幼儿教师面对的是不太懂事的幼儿,他们知识少、经验少、能力弱,幼儿园教育内容十分浅显易懂,幼儿园保教工作很容易被日复一日、年复一年地"应付"过去。这种简单的重复和"应付",很容易让幼儿园保教工作变成单调、乏味、机械的重复,工作就成了一种苦役,幼儿教师很容易进入职业倦怠状态。

而专业成长则是幼儿教师职业幸福感的源泉。专业成长,有利于幼儿教师获得社会的尊重,有利于提高幼儿教师的社会地位,进而提高幼儿教师的职业自豪感;专业成长,有利于幼儿教师在工作中获得胜任感、优越感和成就感,有利于幼儿教师高效地、创造性地完成保教工作,进而获得自我实现需要的满足。

一、正确理解幼儿教师专业成长的含义

幼儿教师专业成长是近年来幼儿教育界广泛关注的一个热点话题,但幼儿教师专业成长意味着什么?这是一个很值得探讨的问题。如果这个问题不弄清楚,幼儿教师专业成长就会陷入混乱之中,甚至还会误入歧途。

比如，有的人认为，幼儿教师专业成长意味着幼儿教师要努力成为"学者型"的教师，因此，很多幼儿教师就沿着学者成长的道路奔跑，要做"课题"，要写"论文"，要反思，要实验；有的人认为，幼儿教师专业成长意味着幼儿教师的艺术技能获得了长足的发展，因此，很多幼儿教师花了许多时间与精力去学习和提高其艺术技能；有的人认为，幼儿教师专业成长意味着幼儿教师获得了更高的学历，因此，许多幼儿园实行了许多具有相当力度的激励措施，鼓励教师为更高的学历而奋斗；有的人认为，幼儿教师专业成长意味着幼儿教师学会了观察，学会了记录，教师就在组织教育活动的过程中，一面观察，一面记录……这些错误的认识，误导幼儿教师远离了他们的本职工作——教师为了所谓的专业成长而不断地努力，可就是没有静下心来好好地把幼儿带好教好，于是，就出现"老师在'进步'，幼儿在退步"的现象。

因此，我们有必要研究幼儿教师专业成长的内涵，进而给幼儿教师一个正确的、积极的专业成长导向。幼儿教师专业成长的含义有以下几个方面：

（一）意味着保教工作效率的提高

保教工作效率 = 保教工作效果 ÷ 保教工作的投入。因此，对于提高保教工作效率，不能简单地理解为"单位时间内教会幼儿最多的知识或技能"，而应考虑保教工作效果（保教工作效果主要指保教活动后幼儿身心获得的发展，这种发展不仅指知识技能的获得，还包括身体素质、情感、态度等方面的发展）与保教工作的投入（保教工作的投入，不仅包括本次保教工作中幼儿园投入的人力、物力、财力，还包括幼儿为了学会教师所期望的东西而投入的时间和精力等）的比率。一位老师展示了一节几乎完美无缺的示范课。大家看了以后都说这节课真好。我问她："你为这节示范课准备了多长时间？"她说："为了这节课我足足准备了三个月，不仅我个人投入了许多时间和精力，同一教研组的老师们也和我一起备课、一起做教具，牺牲了不少休息时间……"听后，我说，这节课虽然教学效果很好，但并非高水平的课，因为它的投入太多——为了这节课，不仅上课的老师自己忙了三个月，同事们也跟着忙碌——该课投入太多，平时的课无法这样去投入，这样的投入会让老师们吃不消。

因此，我主张，幼儿园推出的意在促进教师专业成长的具有示范效应的示范课应该是高效率的，不应是只有良好的效果而效率低下的。

保教工作效率的提高，意味着教师付出得更少，幼儿却获得了更好的发展——这是一种双赢甚至多赢的局面。幼儿教育必须在教师的付出与幼儿的发展之间取得平衡，我们不能为了幼儿获得更好的发展而一味地增加教师的工作负担，而解决教师的付出与幼儿发展之间矛盾的根本出路在于提高保教工作效率。

保教工作效率提高了，幼儿教师实现了专业成长，意味着幼儿教师的工作付出减少了，工作的胜任感和幸福感提高了，有更加良好的心情来面对幼儿和工作，同时，也意味着幼儿园的办园成本下降了，园长当然也就更加乐于促进教师的专业成长。

幼儿教师专业成长应该让幼儿园、幼儿教师获得"好处"，否则，这种所谓的专业成长是没有内在动力基础的。

（二）意味着教育智慧的形成

幼儿教师的专业成长意味着他的教育智慧不断增加，能充分利用各种机会和条件来促进幼儿更好地发展。幼儿教师既不是幼儿的"保姆"和一般意义上的游戏伙伴，也不是严格意义上的"传道、授业、解惑"者，而是一个"以专业的眼光赋予幼儿及其学习活动以价值的人"，他以促进幼儿更好地健康成长为其工作的第一原则。请看以下材料：

春光明媚，老师带孩子们欣赏桃花，孩子们被飞舞的蝴蝶和蜜蜂吸引，于是就问："老师，蝴蝶飞舞为什么没有声音，而蜜蜂飞舞有嗡嗡的声音？"

A老师对孩子一顿呵斥："别的小朋友都不问，就你'问题'多，讨厌，不要来烦我！"孩子郁闷地走开了。

B老师直截了当地告诉孩子："因为蝴蝶飞动的时候翅膀振动慢，而蜜蜂飞行时翅膀振动很快。"孩子点点头，似懂非懂地走开了。

C老师引导孩子说："你观察蜜蜂和蝴蝶飞舞时翅膀的振动有什么不同？"孩子通过观察得到了答案，满意地走了。

D老师引导孩子说："你观察蜜蜂和蝴蝶飞舞时有什么不同？"这孩子可能会比上述那些孩子花更多的时间观察蜜蜂和蝴蝶，并且最终也得到了答案，满意地走了。

A、B、C、D四位老师的回答，反映其专业水平和教育智慧依次提高，A老师属于毫无教育智慧的老师，他如此粗暴地回答，不仅不能促进孩子的发展，反而会成为孩子发展的一种障碍。

某幼儿园中（3）班，有30个孩子，可只有一辆三轮脚踏车，所以脚踏车的投放和使用就成了问题，孩子们常常为此争吵。有一天，两个孩子扯车头，两个孩子扯车尾，你不让我，我不让你。

A老师对四个抢车的孩子大声呵斥："你们四个不会谦让的孩子谁都别玩了！"于是他一把抢过三轮，让那些没有参与抢车的孩子玩车去了，四个孩子很是郁闷地站在旁边看着别人玩车。

B老师对四个抢车的孩子大声呵斥："你们四个不会谦让，谁也别想玩了！"于是他把车锁起来了。孩子们看到心爱的车被锁在那里，站了良久才悻悻地离开。

C老师对抢车的四个孩子说："你们这样可不好呀！不会谦让的孩子不是

好孩子!"结果抢车的孩子还是没有一个舍得放手。

D老师对抢车的四个孩子说:"你们四个人都放手,因为你们这样抢,谁也玩不成。你们不如采取轮流骑的办法,让每个人都玩一下!"然后D老师具体指导:张三→王五→李四……孩子们有序地、开心地轮流玩着三轮车。

E老师对抢车的四个孩子说:"你们这样抢,谁也玩不成。你们四个人现在都放手,想想办法,看看有什么办法让每个人都能高兴地玩一下,而不至于个个都不能玩。"孩子们经过讨论,最后决定采取轮流玩、每人每次骑两圈的办法来一起玩。

E老师是最有教育智慧的,因为他不仅解决了幼儿之间的冲突,还促进了幼儿社会性的发展。

具有教育智慧的教师面对各种教育情境时,不是采取简单的办法把问题"解决"(平息或化解)掉,而是充分利用这一情境来促进幼儿更好地发展。

面对各种教育情境,有教育智慧的幼儿教师总是会用专业的教育理论、专业知识和实践经验来对教育情境进行教育价值判断——"在这样的情境当中,可以培养幼儿的什么素质","如何利用这样的情境来促进幼儿更好地发展",然后生成相应的课程促进幼儿的发展。他不会错过任何促进幼儿发展的机会,更不会让相应的教育情境成为幼儿今后发展的障碍。

(三)意味着幼儿教育理念的形成

幼儿教育理念是指幼儿教师在对幼儿教育工作理解和体验的基础上,形成的个人的幼儿教育观念和理性信念。一个幼儿教师的教育理念显现出个人的幼儿教育理想,奠定了幼儿教师教育判断能力的基础。一个幼儿教师是否具有对自己所从事的幼儿教育职业的理念,往往是判断他是否专业的一个重要依据。

为了形成自己的一套独特的教育理念，幼儿教师每隔一段时间都要问自己下述问题：

(1) 幼儿教育的目的是什么？

(2) 在什么条件下幼儿学得最好？

(3) 促进幼儿社会性、情感、智力与体力发展的基础课程应该包括哪些内容和形式？

(4) 幼儿如何学习？他们应该学些什么？

(5) 幼儿的基本需求是什么？怎样满足他们的这些需求？

(6) 对组织幼儿教育活动而言，教师的什么品质才是最重要的？

(7) 幼儿期什么样的发展对幼儿来说是最重要的？如何促进他们在这些方面的发展？

经常这样检视自己的幼儿教育工作，你就会发现，自己的幼儿教育信仰和理念在不知不觉中逐渐清晰，进而建立起比较稳固的属于自己的幼儿教育哲学。幼儿教育哲学的形成，有利于指导自己的教育实践，有利于规范自己的教育思想和教育行为。

（四）意味着职业情感的成长

如果一个教师的专业成长不能给其带来职业的快乐和幸福，不能让其越来越喜爱自己的工作，那么，这种不带有情感色彩的成长是不可持续的，也是虚假的。

另外，教师是幼儿幸福的教育生活的创造者，幼儿的幸福人生只能在幸福的教育场景中展开。有了教师"幸福地教"，才有幼儿"幸福地学"。

因此，幼儿教师必须努力培养自己对幼儿教育工作的积极情感，努力从工作中获得幸福和快乐。

如果你每天都能这样全身心地融入幼儿的活动，那么，慢慢地，你就会惊喜地发现，你已成为一位深受幼儿欢迎的幸福快乐的幼儿教师。

幼儿教师不是"蜡炬成灰泪始干"式的牺牲者，也不是烦琐工作的被消耗者，而是努力追求生活意义和生命价值的幸福快乐的专业人士。

（五）意味着独特的保教风格的形成

幼儿教师的专业成长意味着教师在自己的教育理念指导下逐渐形成一个系统完善的、独特的、行之有效的教育行为模式，他的教育行为有其独特的理论作支撑，他的幼儿教育工作方式独特而且高效，并且逐渐得到同行们的认可。

幼儿教师形成独特的保教风格的关键在于他有思想。所谓有思想，就是指幼儿教师对保教工作有独特的想法、做法和追求，把保教工作当成一项有生命灵性的、有创新冲动的事业，而不是程序化的职业。

名师与非名师的根本区别在于是否有思想。有思想才有光彩，有思想才有魅力，有思想才有价值，有思想才能职业快乐……如今许多幼儿教师对幼儿教育没有自己的思想，没有自己的追求，完全工作和生活在别人的思想里。他们准备一节课，总是重复别人的"故事"，或者过多地考虑如何迎合别人的想法，而完全没有自己的主见，他们的工作失去了自己的方向，他们十分在意别人对自己工作的评价，没有专业自信心，他们只能看别人的"眼色"工作和生活，没有属于自己的专业判断和快乐，因而他们是可怜和悲哀的。

幼儿园"跟风"或"跟'疯'"现象十分严重——他们时而被某些所谓的专家呼向东，时而又被另一些观点完全相反的所谓的专家呼向西，他们疲于应付，不知如何是好，其根本原因就在于某些幼儿教师没有自己的思想，因而对实践失去了自己的判断。因此，幼儿教师要学会多读书，学会辩证地思考，对幼儿教育工作要有自己的判断，这样，才能减少工作中的盲目性，增强工作的自主性,进而体验到专业工作的自豪感和幸福感。

(六)意味着积极的工作态度和愿望的形成

随着幼儿教师的专业成长,他对幼儿园保教工作充满热情和激情,他热爱本职工作,乐意在幼儿园教育工作中体现自己的个人价值与社会价值,他能从工作中获得心理上的满足感,他确立了对儿童的学习和发展负责的信念,具有高度的责任感;他积极上进,对工作精益求精,致力于不断完善"促进幼儿身心充分发展"的教育方案。

总之,幼儿教师的专业成长意味着幼儿教师对幼儿教育的认识越来越清晰、越来越深刻,工作越来越得心应手,也越来越热爱自己的工作。幼儿教师专业成长意味着幼儿教师在享受着工作,而幼儿在享受着教师的教育。

二、基于幸福快乐的幼儿教师专业成长的策略

幼儿教师专业成长,不仅是为了更好地促进幼儿的健康发展,也是为了幼儿教师的幸福——认识到前者会强化我们的使命感,认识到后者幼儿教师的专业成长才会有内在动力。幼儿教师的专业成长,不是增加幼儿教师的负担和烦恼,而是增加幼儿教师职业的幸福感和快乐。

(一)在教育研究中获得专业成长

由于幼儿的家庭背景不同、幼儿的遗传素质不同、每个教师的素质不同、幼儿园所具有的教育资源不同,加上影响幼儿园教育的社会是不断发展的,所以幼儿园工作没有万能之法,它具有很大的创造性。幼儿教师必须以研究的心态来对待工作,不断地研究幼儿教育工作所面临的各种新问题、新情况,

方能取得预期的教育效果；也只有不断研究工作中面临的实际问题，幼儿教师的专业能力才有可能不断成长。

1. 教育研究对幼儿教师的意义

教育研究不仅有社会意义，更有幼儿教师的个人意义，也正因为如此，幼儿教师才会找到进行教育研究的内在动力。

（1）提升幼儿教师的职业幸福感。幼儿教师的受教育程度较高，有较高的文化素养，因而精神方面的追求较为强烈，荣誉感强，人生价值观念重，特别是当今的青年教师现代意识强，创新精神足，个个希望能干出一番事业。但幼儿教育工作表面上的平凡性、琐碎性和单调重复性往往使教师易产生厌倦感和不安心理，而进行教育研究则能给我们看似平凡、单调的工作带来成就感、充实感、满足感。进行教育研究还会使我们的教育工作变得充满挑战性和乐趣——只要去进行研究，就会发现幼儿教育工作每天都有新的东西——幼儿是新的（幼儿的表情、精神面貌、需要、能力、经验等）、教学内容是新的、教学方法是新的、每天的收获也都是新的；也只有不断地去进行研究，才会发现幼儿教育很有吸引力、很有乐趣。不进行研究，幼儿教育工作就有可能会变成一种单调、乏味的体力劳动。前苏联著名教育家苏霍姆林斯基曾说过："如果你想让你的教师的劳动能够给教师带来一些乐趣，使天天上课不至于变成一种单调乏味的义务，那你就应该引导每一位教师走上从事教育研究这条幸福的道路上来。"确实是这样，不研究幼儿园保教工作，对其就没有预见，就没有创造，就没有丰富而完满的精神生活，就不会对幼儿园保教工作产生兴趣。不去研究、积累和分析幼儿园保教工作的事实，就会产生一种严重的缺点——缺乏工作热情和因循守旧。简单机械地重复，会让幼儿教师觉得工作枯燥、乏味，失去对幼儿园保教工作的兴趣，从事幼儿园教育工作就会成为一种苦差事。

（2）增强教师职业的价值感、尊严感。马克思在论及职业选择时，曾写过一段名言:"能给人以尊严的只有这样的职业,在从事这种职业时,我们不是作为奴隶般的工具,而是在自己的领域内独立地进行创造。"到目前为止,就整体状态来看,幼儿教师队伍中的大多数人,恐怕还未达到"在自己的领域内独立地进行创造"的水平,而幼儿教育研究则会给幼儿教师的创造提供机会和可能。通过进行幼儿教育研究,幼儿教师发现新问题,提出解决问题的新方法、新思路,这本身也是一种创造。通过研究进行创造并培养具有创造精神和能力的人,将提升幼儿教师的价值与尊严,也将最终提升幼儿教师的专业地位。

幼儿教师不应满足于所谓"燃烧了自己,照亮了别人"的蜡烛精神,不应满足于只做一名"教书匠",而要把幼儿园的保教工作当作一项研究性工作来做,不断有所创造,既要做蜡烛,也要做太阳,在点燃别人智慧火花的同时,也显示出自己的光彩。

(3) 有利于幼儿教师的专业成长。幼儿教育研究是幼儿教师专业成长的有效途径。在研究过程中,幼儿教师能够不断发现自己保教工作中存在的问题,不断研究并解决自己保教工作中存在的问题,进而不断提高工作成效和效率。

2. 幼儿教师进行教育研究的特点

幼儿教师所进行的教育研究,与专职的研究人员所进行的教育研究是不同的。他们的研究工作具有以下特点:

(1) 实践性。幼儿教师进行的教育研究活动,其基本特点是实践性,即"在保教工作中,通过保教工作,为了保教工作"。幼儿教师的教育研究选题应该来源于他们的保教工作实践,他们的教育研究始终与其保教实践分不开,其研究目的是改进保教工作、提高教师保教工作的合理性。研究选题来源于教师保教工作的需要,这样就降低了选题的难度,同时也容易调动幼儿教师研究的积极性;研究活动在实际的保教工作情境中进行,以解决保教工作实际问题为首要目标,将研究目的与工作目的很好地统一起来,使研究不至于成为额外的负担;研究强调幼儿教师的积极反思,幼儿在理论研究者与幼儿教师之间架起了桥梁,为幼儿教师在研究中获得专业成长提供了良好的条件。

幼儿教师研究的内容主要有:"教什么"、"怎么教"、"为什么教"、"教育对象(幼儿)的过去和现在"、"自己现在的状态、现在的水平"。

幼儿教师进行教育研究的根本目的是解决保教工作中的实际问题,幼儿教师的教育研究选题应当来源于保教工作改革的需要,然而目前出现了种种让人担忧的现象,那就是幼儿教师在选择研究课题时过分追求"级别化",以追求"国家级"、"省级"等课题为荣。这种不切实际、不符合自己研究兴趣的课题往往半途而废,失去其应有的价值。

(2)应用性。幼儿教师进行教育研究就是运用已有的教育理论或研究成果,解决其自身实践中存在的问题;或者在教育理论与实践的结合点上寻找解决其教育实践问题的途径和方法,促进教育实践的改善。它是应用研究,而不是基础研究;是微观研究,而不是宏观研究。从学科的发展价值来看,幼儿教师进行教育研究不特别强调在学术上的创造性,但它强调解决其自身保教工作中的具体问题,强调保教工作的创新和效率的提高。

认识幼儿教育研究的特点,不仅对于幼儿教师选择研究课题、明确研究目标、制订研究计划有重要意义,而且对于幼儿教育研究的管理、研究成果的评价都具有重要的指导意义。现在我们已经认识到,将幼儿教师研究的课题与专业的科研人员的研究课题放在一起申报立项、评价成果的做法,有如将业余运动员和专业运动员放在一起竞赛,不仅有失公正,而且会产生很多副作用,会给群众性幼儿教育研究的导向带来不良的后果。

总之,幼儿教师的教育研究是"在保教工作中的研究"——在保教工作中发现问题、研究问题、解决问题;"通过保教工作的研究"——通过保教活动来检验自己对保教问题的看法是否正确,检验自己解决问题的设想和方法是否有效;"为了保教工作的研究"——为了改善自己的保教工作去研究保教问题,而不是为了研究而研究,也不是为了建构什么理论而研究,幼儿教师进行教育研究的原始动机是为了使自己的保教行为更加合理、更加富有成效。

3. 幼儿教师成为研究者的策略

为了提高研究的成效,幼儿教师在进行教育研究时应该注意以下策略:

(1) 要努力夯实自己的教育理论基础。缺乏教育理论素养,在实践中就会表现为教育研究和教育教学都无后劲,其具体表现为以下几点:

①有丰富的教育经验,但不能总结出有规律性的认识,开展教育研究有一定的困难。

②多年从事教育工作,有一定的教育经验,虽然一般能完成教学任务,但水平不见有多大的提高,能力不见有多大的长进,不能突破一定的水准而有所跃进。

③不太了解幼儿,在教学方法及内容方面违反教育教学规律,工作好了不知道原因在哪里,有失误也不知道从何处吸取教训。

因此,幼儿教师要努力学习理论,为进行教育研究打下很好的基础。

幼儿教师应该了解和掌握一些名家的教育理论和方法论,如:赞可夫的"教学与发展理论"(强调高难度、高速度、理论知识起主导作用及让学生理解学习过程的教学原则,这对当前的幼儿教育改革仍有重要意义),巴班斯基的"教学最优化理论"(强调在现有条件下以教育因素的最优组合及最少的消耗来促进受教育者的最优发展),维果茨基的"最近发展区理论"(强调教学要走在发展的前面,教育要不断地创造"最近发展区"以促进受教育者不断地向前发展),皮亚杰的"认知发生论"(强调"活动"的重要,强调儿童是在其与客观事物交互作用的过程中获得发展的,强调每个儿童都有其独特的认知结构,每个儿童都以其独特的方式来认识世界),布鲁纳的"课程结构理论"(强调学科的基本结构及发现法对儿童的发展价值),班杜拉的"社会学习理论"（强调观察、模仿是儿童学习的重要途径），斯金纳的"行为主义理论"（强调强化，特别是选择性强化对儿童发展的影响）等。

另外，还要学习和掌握一些方法论，如马克思主义辩证唯物主义、系统论、信息论、控制论等，这些理论对提高我们的理论思维能力是很有帮助的。

(2) 学会运用其他学科的理论或新的理论审视当前的幼儿教育。运用其他学科的理论或新的理论审视当前的幼儿教育，就可以发现新视野里的"全新的幼儿教育"，就可以发现幼儿教育中有许多新的问题是可以研究的，甚至还可以根据一种新的理论创造出一种全新的幼儿教育理论。比如，皮亚杰用他的"生物学的眼光"来研究儿童心理，就创造出了一种新的儿童心理学理论——发生认知论，他心理学中的核心概念——"同化"、"顺应"、"平衡"都是生物学的概念。

平时我们在进行幼儿教育研究时，也可以利用一些其他学科的理论来对幼儿教育进行研究。比如，现在人们谈论得比较多的"可持续发展理论"，我们用它来审视幼儿教育，便可以发现幼儿教育在可持续发展方面有很多值得研究的选题，比如"幼儿园的环保教育"、"幼儿园的可持续发展"、"幼儿的可持续发展"、"幼儿教师的可持续发展"等。又如，用心理卫生学的理论来审视幼儿教育中的游戏活动，也可以产生"游戏活动设计的心理卫生要求研究"、"幼儿游戏心理卫生保健工作研究"等研究选题。

因此，当社会上有一些新的理论出来时，我们就可以想一想，将这些理论应用到幼儿教育或幼儿园管理中去会有什么样的效果，从而打开自己的思路，发现幼儿教育中可供研究的新选题，这样也容易写出一些角度比较新的论文。

不过，这种嫁接或演绎必须合情合理，不可生搬硬套，更不能为了照顾理论而舍弃事实。

(3) 有所不为，才能有所为：选择好适合自己的切入点，并持之以恒地研究下去。选准自己擅长的幼儿教育工作中的某一切入点作为研究对象，然后持之以恒地钻研下去，随着研究的不断深入，积累的资料会越来越丰富，我们对该切入点的问题就会有许多独到的认识，这就容易使我们的研究产生一种辐射效应，产生一系列新的研究选题和新的研究成果，到时我们也就会因此而成为某一方面的专家。

一个人的精力是有限的，一个人的能力也是有限的，进行定"点"研究，会使我们的精力更集中，更容易把我们的研究引向深入，也更容易取得成功。

马尔科姆·格拉德韦尔教授总结出"1万小时定律"，即在任何领域取得成功的关键跟天分无关；成功的唯一要素是坚持练习1万个小时。一个人在10年之内，对他所从事的专业进行1万个小时的练习，每周练习20小时，每天3小时，他就能在这个行业里获得成功。

因此，每个幼儿教师都应根据自己的兴趣、经验、能力特长以及幼儿教育发展的现状与趋势，选择适合发展成为自己强项的"点"，并持之以恒地研究下去，相信5年后或者10年后定能在幼儿教育的某一领域有所建树，届时，其专业地位将获得极大的提高，专业自豪感便油然而生——当然，由于心中有目标、有追求，在持之以恒地追求卓越的过程中同样可以体验到过程的快乐和幸福。

（4）将教育研究融入自己的工作之中。这样做的优点有三个：一是容易坚持，不增加负担；二是由于拥有相关的经验，容易得出独到的见解；三是工作与研究相互促进，有利于提高工作的质量，进而提高研究的兴趣和加倍地提高成就感（工作出色，成果出色）；四是思考比较全面，研究的问题和得出的结论也比较接近实际。

（5）将教育工作中存在和发现的问题提炼成研究的选题。"我的……工作存在哪些问题？这些问题主要表现在哪些方面？产生这些问题的原因是什么？在现有条件下，我应该如何改进我的工作以提高工作效率？""我的……

工作还可以做哪些改进？改进的理由是什么？改进需要哪些条件？"我们对自己的工作经常进行上述思考，就会发现有许多"问题"值得研究，我们可以将这些"问题"一一列举出来，然后用教育理论或心理学理论去分析为什么会存在这些问题，最后通过研究找出解决问题的对策。这样的研究是很有现实意义的，也是很容易出成果的。

4. 幼儿教师进行教育研究的步骤

为了让幼儿教师的教育研究更加有效地促进幼儿教师专业能力的提高，更好地为幼儿教师的职业幸福创造条件，幼儿教师在进行教育研究时应该遵循如下步骤：

（1）确定问题。

①请列举出你在自己的保教工作中最想解决并且能够解决的3～5个问题。

②请将上述问题按其重要性进行排序，并依次写下前三个问题。

③从上述三个问题中选择一个问题，作为本次研究的内容，并解释一下你为什么要选择这个问题。

（2）寻找解决问题的途径。

①通过回答下列三个问题寻找解决保教工作问题的途径。

A. 我对该问题是怎样了解的？（如通过教学实践、查阅文献资料、学习有关文件等。）

B. 关于该问题我需要知道什么？

C. 怎样寻找解决途径？（寻找解决途径可以包括请教专家、同行，查阅文献，参加培训和计划构思等。）

②你所发现的其他解决方法是什么？

（3）运用解决方法。

①其他解决办法中哪一种最合适？为什么？

②实施这个解决方案需要什么（如资金、设备、材料等）？

③在什么时候、在什么情况下你可以运用这个解决方法？

(4) 分析结果。

①你期望得到什么样的结果？（良性结果包括态度及观点、实践活动、思维方式、兴趣、参与程度、学习积极性、知识范围和技能等方面的改变。）

②你将怎样为分析结果收集信息？（收集方法包括图片、拍照录像、写观察日记、督促儿童记录、进行调查活动以及测试等。）

③你怎样分析所收集的信息？（包括将图片或录像片段进行分类、整理日记和工作记录、将调查结果按具体问题进行分类。）

④怎样解释所收集到的信息？（解释方法包括从不同角度展示并解释图片或录像片段、用图表及文字来说明所进行的活动的数据，以及说明它们对您最初的问题所构成的意义。）

(5) 理论发展。

①你对自己的保教工作有哪些看法上的转变？

②你将来的保教工作中会有哪些方面的变化？

③通过本次研究活动，你有什么能与其他教师分享的好主意？

④你怎样与其他教师分享你所得到的启示和所萌发的见解？

⑤通过这次研究活动，你又发现自己的保教实践存在什么新的问题？

通过对幼儿园保教工作的研究，教师对幼儿教育会越来越有自己的主张，工作效率也会越来越高。

研究应该成为幼儿教师的一种职业习惯。平时，幼儿教师要有研究意识、问题意识和创新意识，要以"问题的眼光"来审视幼儿园的各项工作。

西方哲学史上有一个著名的故事。在剑桥大学，维特根斯坦是大哲学家穆尔的学生。有一天，大哲学家罗素问穆尔："谁是你最好的学生？"穆尔毫不犹豫地回答："维特根斯坦。""为什么？""因为在我所有的学生中，只有他一个人在听我的课时,老是流露出迷茫的神色,老是提一大堆问题。"后来维特根斯坦的名气超过了罗素。有一天有人问维特根斯坦:"罗素为什么落伍了?"他回答说:"因为他没有问题了。"

通过这个经典的故事,我们可以知道,幼儿教师的专业成长与专业问题是密不可分的,幼儿教师的问题意识是幼儿教师专业成长活力的重要表征。幼儿教师问题意识的缺失使他们成了没有问题的"罗素"——落伍的"罗素"。

我们要从问题的视域出发来审视我们每天、每周、每月、每学期的保教工作,然后沿着"提出问题 → 尝试解决问题 → 生成新问题 → 解决新问题……"的循环赛道,乐此不疲地奔跑,这样,幼儿教师就一定能实现个人专业的快速发展。

(二)在反思中提升专业能力

华东师范大学的叶澜教授说:"一个老师写一辈子教案,不一定能成为名师,如果一个老师写三年反思,有可能就成为名师。"所以我们主张,反思应该成为幼儿教师的一种职业习惯,幼儿教师应该在不断的反思中,提高自己的专业水平,精通自己的各项工作及其各个环节。

1. 一日工作反思与记录

在完成一天的工作后,请你花10分钟左右的时间来回顾一天所做的工作,然后按照以下顺序写出你一天中的几点收获。你可以使用以下的词语开头:

★我学到了……

★使我惊讶的是……

★我开始在想……

★我再次发现……

★我感到……

★我想我将……

2. 一周工作反思与记录

在完成一周的工作后，请你花半个小时左右的时间对一周工作及所思所想进行梳理并做好记录，记录时你可以使用如下的语句开头：

★在本周保教工作中，我认为最精彩的、感触最深刻的是……

★在本周保教工作中，我认为最糟糕的、感觉不满意的是……

★在本周保教工作中，我意外地发现某幼儿的闪光点是……

★在本周保教工作中，出乎意料的是……

★在本周保教工作中，如果给我重试的机会，我将……

★在本周保教活动中，幼儿让我感到不理解的是……

★在本周保教活动中，让我感到惊奇的是……

在记录完具体事情的经过后，再尝试用现有的教育原理去解释上述事件，如果现有的教育原理不能解释，则去研究上述事件让我们得出哪些教育主张。持之以恒地积累，持之以恒地思考，我们的专业能力定会不断地成长。

（三）论文写作提升专业能力

幼儿教育研究论文写作，有利于幼儿教师把平时积累的经验系统化，有利于把长期积累的经验提升到理论的高度，这有利于幼儿教师教育理论素养的提高。而幼儿教师教育理论素养的提高，又有利于他们创造性地工作和减少实践中的"盲从"和"盲目模仿"。

另外，论文发表或获奖，有利于扩大作者的专业影响力，进而提高其在同行们中的地位，也有利于提高作者的职业成就感，而这种成就感会给作者带来持续的快乐。

为了提高写作质量与效率，幼儿教师应该发挥自己的优势，多结合自己的工作经验来表达自己对幼儿教育的主张。

1. 适合幼儿教师论文写作的内容

比较适合幼儿教师论文写作的内容主要有以下四个方面：

（1）幼儿园保教工作的成功经验总结。如果自己或别人某方面的工作做得很好，那么这方面的工作就很值得去写。不过，写作这方面的内容时应该写清楚：具体有效的做法有哪些，用教育原理来说明为什么这样做有效，或者说明这些有效的做法能得出哪些新的教育原理。

（2）幼儿园保教工作的失败教训总结。如果自己或别人某方面的工作总是做得不好，效果总是不如人意，那么这方面的工作也值得写。不过，写作这方面的内容时应该写清楚：具体无效或低效的做法有哪些，用教育原理来说明这样做无效或低效的原因，这些无效或低效的做法从反面说明了哪些新的教育原理，最后提出有效解决问题的对策。

（3）幼儿教育理论的实践检验。一种新的幼儿教育理论出现后，幼儿教师应该思考，如何让这些理论变成具有可操作性的幼儿教育新举措，这种新尝试及其经验是很有价值的。写作这方面的内容时应该写清楚：自己对理论的认识与思考，做了哪些新尝试，取得了哪些经验与教训，还有哪些问题值得进一步探讨。

（4）幼儿教育案例。幼儿教师在从事保教工作的过程中，肯定会积累许多幼儿园保教工作故事，这些故事生动、形象、典型，如果能以案例的形式写出来，也能给读者，特别是给一线教师以启发，这也是许多报刊所需要的稿件。幼儿教育案例最简单的写法就是"案例＋点评"，请看下面的例子：

等孩子说完话再做判断

案例:

美国一知名主持人有一天采访一位小朋友,问他说:"你长大后想要做什么呀?"那位小朋友天真地回答:"嗯,我要当飞行员!"主持人接着又问:"如果有一天,你的飞机飞到太平洋上空,所有引擎都熄火了,你会怎么办?"小朋友想了想说:"我会先告诉坐在飞机上的旅客系好安全带,然后我挂上我的降落伞先跳出去。"

当现场的观众笑得东倒西歪时,主持人继续注视着那位小朋友。没想到,接着那位小朋友的热泪夺眶而出。于是主持人又问他:"你为什么要这么做?"小朋友的回答透露出一个孩子真挚的想法:"我要去拿燃料,我还要回来!我还要回来!!"

听完小朋友的回答,现场的观众被感动了并报以热烈的鼓掌!

点评:

要想教育好孩子,就要正确地了解孩子,正确地了解孩子的一个重要途径就是听其言,而听其言的技巧就在于:听孩子的话不能只听一半,要等其把话说完,万万不可没等孩子把话说完,就"以大人之心度孩子之腹"主观地做出判断,否则就会误解孩子、教错孩子。

【摘自:莫源秋.等孩子说完话再做判断[J].幼儿教育,2003(5):49.】

2. 幼儿教师论文写作的注意事项

为了把论文写好,幼儿教师应该注意以下几点:

(1) 注意材料的积累。材料对写作选题和论文观点的产生及论文的论证都具有十分重要的意义。没有材料,没有自己独特的材料,论文的创造性也就无从谈起。因此,幼儿教师要注意对资料的收集,并且努力做到"四勤"。

①勤阅读。阅读是搜集资料最重要的途径，持之以恒，必能采集到很多珍珠美玉，使自己的"资源宝库"蔚为大观。

②勤思考。一是要经常想一想应该搜集哪些方面的资料、从哪里搜集；二是在阅读、筛选时深入思考，判断出哪些东西是有用的。去伪存真的分析工作，可使积累的资料有较高的质量。

③勤整理。要经常对搜集到的资料进行加工制作、分类编排，以方便查阅。在整理过程中，还要将已失去价值的资料随时剔除，随时补充新的资料，使积累的资料如淙淙的小溪，常流不断，常流常新。

④勤翻阅。积累资料的目的在于运用，在于对教学、研究和学习有所助益。因此，教师要经常翻阅积攒下的资料。这样做有两点好处：一是学习资料提供的知识，扩大视野；二是加深对有关资料的印象，便于及时发现、挖掘资料的价值，及时把它派上用场，使"死"的资料"活"起来。

(2) 有感而写。写作应该是有感而作，这样写的东西才有血有肉，才有价值。幼儿教师写作的一个重要特点就是写自己有真情实感的东西，然后用自己的真情实感去打动编辑、打动读者、打动评委。因此，幼儿教师必须做一个有心人，平时注意从幼儿的生活琐事和保教活动，从幼儿园教育和幼儿家庭教育中，选择那些我们曾经被打动、被触动过的选题来写，因为只有自己被打动、被触动过的内容才有可能打动别人。

(3) 为用而写。幼儿教师写作的另一个重要特点就是论文观点具体实在，有翔实的材料佐证，具有可操作性，有实用价值。幼儿教师写的论文往往是他们经验或教训的总结，因此往往能给一线教师以启示，为一线教师解决类似问题提供具体操作的指导——让一线教师看了就会用、用了就有效。

(4) 注意提高投稿成功率的策略。

①研究杂志的栏目及其办刊的指导思想。如果写论文是为了投稿，那么，就得根据各种报刊办刊的指导思想、征稿的类型与要求及其读者的兴趣等，

来确定写作的方式及篇幅。比如，有的杂志学术性高，要求理论性强、科学性强，篇幅可以稍微长一点（五六千字都可以）；而有的则是科普性刊物，偏重于实践应用，偏重于对幼儿的培养，篇幅不宜过长（一般不超过3000字，以2000字左右为宜）。确定投稿的杂志后，还要认真研读该杂志近段时间里已发表的文章的特点，做到有的放矢，这样发表的成功率才会高。

②要注意建立自己的"文章声誉"。为了提高投稿的成功率，我们在投稿的过程中，一定要注意在投寄某家杂志的头几篇文章中建立起良好的"文章声誉"。这样，自己以后寄去的稿件也就容易受到编辑的重视。建立起了良好声誉后，还要注意维护这一良好声誉。

③尽量减少编辑的麻烦。论文应层次清晰，主题突出，观点明确，论证逻辑严密，格式规范。

④循序渐进。可先从模仿开始，逐渐形成自己的写作风格。初写论文者往往对写论文的基本要求和写作方法不甚了解，为了减少盲目的尝试，尽快入门，除了读一些有关论文写作的书之外，更重要的是学会选一些优秀论文读一读，从中借鉴，学会模仿：人家怎样确定中心，文章结构如何安排，论点、论据、论证怎样把握，总标题和小标题如何设计，怎样写开头、结尾等。在模仿中创造，写多了自然而然就会形成自己的写作风格和习惯。可先写些"小文章"，再逐渐学会写些复杂的"大文章"。循序渐进，才能逐渐积累成功经验，树立自己写作论文的信心。

（四）广泛阅读促进专业成长

读书，可以丰富知识、拓宽视野、启迪思维、增长智慧；读书，可以让我们变得有思想，让我们变得深刻；读书，可以滋养心灵、净化情感、愉悦精神、陶冶情操；读书，可以提高我们的专业素养，加快我们的专业成长。细心的幼儿教师常常会发现，几乎所有的特级教师都有一个共同的嗜好——

读书，他们充满智慧和灵气的教育活动正是得益于他们广博的知识和深厚的文化底蕴。为了让阅读更好地促进幼儿教师的专业发展，笔者向大家提出以下建议：

1. 努力拓展读书的范围

有些幼儿教师从师范院校毕业后就很少看书，如果看书也仅仅是看些教学参考书，这使得他们的心灵日渐枯竭，不再富有灵性，工作也日渐变成一种程序化的机械乏味的重复。因此，幼儿教师要多看书，要拓展自己的阅读范围，建议多读幼儿教育名著，多读当下著名学者在幼儿教育方面的论述，这有利于我们更好地把握幼儿教育发展的趋势；多读国外学者的幼儿教育论著，这有利于我们形成更加多元的幼儿教育思想，有利于工作的创新；多读普通教育类论著，这有利于我们跳出从"幼儿教育"看"幼儿教育"的局限，有利于我们跟上教育的形势；多看人文历史类专著，这将使我们的心灵变得更加滋润和丰富多彩。

2. 做好阅读资料的收集与记录

规范地收集和记录阅读中发现的有价值的材料，对专业成长和今后的教育研究都有好处。请按以下的规范来记录相关的材料。

原话	
出处	

标明文献出处的规范示例

文献种类	标明文献出版的规范及示例
专著	[文献序号]作者.著作形式（"著"不用标注）.书名[M].出版社所在地：出版社，出版年份：页码. 示例： [1]莫源秋.做幼儿喜爱的魅力教师[M].北京：中国轻工业出版社，2001：179-193.
译著	[文献序号]（原作者国籍）原作者.书名[M].译者姓名，译.出版社所在地：出版社，出版年份：页码. 示例： [2]（美）Wiersma W.教育研究方法导论[M].袁振国，译.北京：教育科学出版社，1997：29-33.
文献析出	[文献序号]作者.文章名[M]//主编者.书名.出版社所在地：出版社，出版年份：页码. 示例： [3]顾荣芳.幼儿健康教育若干问题[M]//中国学前教育会.迈向21世纪的中国学前教育研究优秀论文集.南京：南京师范大学出版社，1999：21-23.
杂志	[文献序号]作者.文章名[J].杂志名称，年（第几期）：页码. 示例： [4]莫源秋.园长应从细微处关心教师的心理健康[J].当代学前教育，2007（1）：13-14.
报纸	[文献序号]作者.文章名[N].报纸名称，年-月-日（第几版面）. 示例： [5]莫源秋.孩子"不老实"，是孩子的错吗？[N].中国教师报，2012-03-07（15）.
学位论文	[文献序号]作者.论文名[D].大学所在地：大学名称，年：页码. 示例： [6]丁海东.儿童精神：一种人文的表达——论儿童精神的人文性[D].济南：山东师范大学，2005：58-61.
网络	[文献序号]作者.文章名[OL].网上发布日期.网址. 示例： [7]莫源秋.努力创造一种轻松愉快的亲子间心理氛围[OL].2008-10-10.http://blog.sina.com.cn/s/blog_5c6985df0100boba.html.

3. 记录阅读过程中的所思所获

在阅读过程中，要注意及时将所思所想所惑所获记录下来，以便更好地促进专业素养的发展。

文献出处：_____

书中让我困惑的观点	1. "　　　"（页码）理由是…… 2. "　　　"（页码）理由是……
我准备与同事分享和交流的书中观点	1. "　　　"（页码） 2. "　　　"（页码）
受书中观点和材料的启发，我准备在实践中尝试	1. 原观点 "　　　"（页码）——我准备尝试…… 2. 原观点 "　　　"（页码）——我准备尝试……
受书中观点和材料的启发，我形成了新观点	1. 2.
受书中观点和材料的启发，我发现了新问题，需要进一步探讨	1. 2.

经过日积月累、持之以恒的努力，阅读定会使我们的专业能力获得质的飞跃。

（五）积极参加公开课促进专业成长

幼儿教师参加公开课有两种形式：一是观摩别人上的公开课；二是自己上公开课给别人观摩。如果利用得好，两者对幼儿教师的专业成长都有帮助。

1. 主动承担公开课任务

公开课的准备和展示，会让我们的专业发展得到许多人的帮助——在准备和展示公开课的过程中，会有许多人为自己的课存在的问题提出批评意见，也会有许多人为自己的课的成功提出肯定和赞扬，无论是批评还是赞扬，对我们的专业成长都是十分有益的。另外，"磨课"本身就是对工作的精益求精，有利于我们专业的发展。许多优秀幼儿教师的经历告诉我们，承担公开课任务可以加速我们的专业成长。而且,公开课上好了,会极大地提高我们在同行中的专业地位,让我们深刻体会到工作所带来的幸福快乐。

为了让公开课更好地促进我们的专业成长,我们一定要对那些发现我们公开课问题和优点的老师表示感谢。另外,我们在准备公开课时一定要有务实的态度,要努力向大家展示我们组织教育活动的高效率——教师教得轻松,幼儿学得轻松并获得了更好的发展,要努力避免那些华而不实的做法。

2. 善于观摩别人的公开课

观摩别人的公开课也是幼儿教师获得专业成长的一种有效方式。在观摩的过程中,我们要注意及时将所思所想所惑所获记录下来,以更好地促进专业素养的提升。

公开课的基本信息	上课者		上课时间	
	上课内容		上课班级	
公开课中哪些做法可以直接或迁移运用	1. 2. 3.			
公开课中哪些做法应该尽量避免	1. 2. 3.			

不断追求专业成长,不仅可以让幼儿教师获得成长的幸福和快乐,还可以让幼儿教师获得工作的幸福和快乐。幼儿教师应该努力成就自己,成就孩子。

本章参考文献

莫源秋. 如何正确理解"幼儿教师专业成长"[J]. 教育导刊：幼儿教育，2012（4）：61-64.